智能制造系列教材

制造执行系统技术及应用

TECHNOLOGY OF MANUFACTURING EXECUTION SYSTEM AND ITS APPLICATIONS

饶运清 编著

清华大学出版社
北京

版权所有，侵权必究。举报：010-62782989，beiqinquan@tup.tsinghua.edu.cn。

图书在版编目(CIP)数据

制造执行系统技术及应用/饶运清编著.—北京：清华大学出版社,2022.1(2023.1重印)
智能制造系列教材
ISBN 978-7-302-59774-2

Ⅰ.①制… Ⅱ.①饶… Ⅲ.①制造工业－工业企业管理－计算机管理系统－高等学校－教材 Ⅳ.①F407.406.14

中国版本图书馆 CIP 数据核字(2022)第 000259 号

责任编辑：刘　杨　冯　昕
封面设计：李召霞
责任校对：赵丽敏
责任印制：沈　露

出版发行：清华大学出版社
　　网　　址：http://www.tup.com.cn，http://www.wqbook.com
　　地　　址：北京清华大学学研大厦 A 座　　邮　　编：100084
　　社 总 机：010-83470000　　邮　　购：010-62786544
　　投稿与读者服务：010-62776969，c-service@tup.tsinghua.edu.cn
　　质量反馈：010-62772015，zhiliang@tup.tsinghua.edu.cn
印 装 者：三河市龙大印装有限公司
经　　销：全国新华书店
开　　本：170mm×240mm　　印　张：10.75　　字　数：217 千字
版　　次：2022 年 1 月第 1 版　　印　次：2023 年 1 月第 3 次印刷
定　　价：35.00 元

产品编号：089138-01

智能制造系列教材编审委员会

主任委员

  李培根 雒建斌

副主任委员

  吴玉厚 吴 波 赵海燕

编审委员会委员(按姓氏首字母排列)

  陈雪峰 邓朝晖 董大伟 高 亮
  葛文庆 巩亚东 胡继云 黄洪钟
  刘德顺 刘志峰 罗学科 史金飞
  唐水源 王成勇 轩福贞 尹周平
  袁军堂 张 洁 张智海 赵德宏
  郑清春 庄红权

秘书

  刘 杨

丛书序1
FOREWORD

多年前人们就感叹，人类已进入互联网时代；近些年人们又惊叹，社会步入物联网时代。牛津大学教授舍恩伯格(Viktor Mayer-Schönberger)心目中大数据时代最大的转变，就是放弃对因果关系的渴求，取而代之关注相关关系。人工智能则像一个幽灵徘徊在各个领域，兴奋、疑惑、不安等情绪分别蔓延在不同的业界人士中间。今天，5G 的出现使得作为整个社会神经系统的互联网和物联网更加敏捷，使得宛如社会血液的数据更富有生命力，自然也使得人工智能未来能在某些局部领域扮演超级脑力的作用。于是，人们惊呼数字经济的来临，憧憬智慧城市、智慧社会的到来，人们还想象着虚拟世界与现实世界、数字世界与物理世界的融合。这真是一个令人咋舌的时代！

但如果真以为未来经济就"数字"了，如果真以为传统工业就夕阳了，那可以说我们就真正迷失在"数字"里了。人类的生命及其社会活动更多地依赖物质需求，除非未来人类生命形态真的变成"数字生命"了。不用说维系生命的食物之类的物质，就连"互联""数据""智能"等这些满足人类高级需求的功能也得依赖物理装备。所以，人类最基本的活动便是把物质变成有用的东西——制造！无论是互联网、物联网、大数据、人工智能，还是数字经济、数字社会，都应该落脚在制造上，而且制造是其应用的最大领域。

前些年，我国把智能制造作为制造强国战略的主攻方向，即便从世界上看，也是有先见之明的。在强国战略的推动下，少数推行智能制造的企业取得了明显效益，更多企业对智能制造的需求日盛。在这样的背景下，很多学校成立了智能制造等新专业(其中有教育部的推动作用)。尽管一窝蜂地开办智能制造专业未必是一个好现象，但智能制造的相关教材对于高等院校凡是与制造关联的专业(如机械、材料、能源动力、工业工程、计算机、控制、管理……)都是刚性需求，只是侧重点不一。

教育部高等学校机械类专业教学指导委员会(以下简称"教指委")不失时机地发起编著这套智能制造系列教材。在教指委的推动和清华大学出版社的组织下，系列教材编委会认真思考，在 2020 年的新型冠状病毒肺炎疫情正盛之时即视频讨论，其后教材的编写和出版工作有序进行。

本系列教材的基本思想是为智能制造专业以及与制造相关的专业提供有关智

能制造的学习教材，当然也可以作为企业相关的工程师和管理人员学习和培训之用。系列教材包括主干教材和模块单元教材，可满足智能制造相关专业的基础课和专业课的需求。

主干课程教材，即《智能制造概论》《智能制造装备基础》《工业互联网基础》《数据技术基础》《制造智能技术基础》，可以使学生或工程师对智能制造有基本的认识。其中，《智能制造概论》教材给读者一个智能制造的概貌，不仅概述智能制造系统的构成，而且还详细介绍智能制造的理念、意识和思维，有利于读者领悟智能制造的真谛。其他几本教材分别论及智能制造系统的"躯干""神经""血液"以及"大脑"。对于智能制造专业的学生而言，应该尽可能必修主干课程。如此配置的主干课程教材应该是此系列教材的特点之一。

特点之二在于配合"微课程"而设计的模块单元教材。智能制造的知识体系极为庞杂，几乎所有的数字-智能技术和制造领域的新技术都和智能制造有关。不仅像人工智能、大数据、物联网、5G、VR/AR、机器人、增材制造(3D打印)等热门技术，而且像区块链、边缘计算、知识工程、数字孪生等前沿技术都有相应的模块单元介绍。这套系列教材中的模块单元差不多成了智能制造的知识百科。学校可以基于模块单元教材开出微课程(1学分)，供学生选修。

特点之三在于模块单元教材可以根据各个学校或者专业的需要拼合成不同的课程教材，列举如下。

♯课程例1——"智能产品开发"(3学分)，内容选自模块：
- 优化设计
- 智能工艺设计
- 绿色设计
- 可重用设计
- 多领域物理建模
- 知识工程
- 群体智能
- 工业互联网平台(协同设计，用户体验……)

♯课程例2——"服务制造"(3学分)，内容选自模块：
- 传感与测量技术
- 工业物联网
- 移动通信
- 大数据基础
- 工业互联网平台
- 智能运维与健康管理

♯课程例3——"智能车间与工厂"(3学分)，内容选自模块：
- 智能工艺设计

- 智能装配工艺
- 传感与测量技术
- 智能数控
- 工业机器人
- 协作机器人
- 智能调度
- 制造执行系统（MES）
- 制造质量控制

总之，模块单元教材可以组成诸多可能的课程教材，还有如"机器人及智能制造应用""大批量定制生产"，等等。

此外，编委会还强调应突出知识的节点及其关联，这也是此系列教材的特点。关联不仅体现在某一课程的知识节点之间，也表现在不同课程的知识节点之间。这对于读者掌握知识要点且从整体联系上把握智能制造无疑是非常重要的。

此系列教材的作者多为中青年教授，教材内容体现了他们对前沿技术的敏感和在一线的研发实践的经验。无论在与部分作者交流讨论的过程中，还是通过对部分文稿的浏览，笔者都感受到他们较好的理论功底和工程能力。感谢他们对这套系列教材的贡献。

衷心感谢机械教指委和清华大学出版社对此系列教材编写工作的组织和指导。感谢庄红权先生和张秋玲女士，他们卓越的组织能力、在教材出版方面的经验、对智能制造的敏锐是这套系列教材得以顺利出版的最重要因素。

希望这套教材在庞大的中国制造业推进智能制造的过程中能够发挥"系列"的作用！

2021 年 1 月

丛书序2
FOREWORD

制造业是立国之本,是打造国家竞争能力和竞争优势的主要支撑,历来受到各国政府的高度重视。而新一代人工智能与先进制造深度融合形成的智能制造技术,正在成为新一轮工业革命的核心驱动力。为抢占国际竞争的制高点,在全球产业链和价值链中占据有利位置,世界各国纷纷将智能制造的发展上升为国家战略,全球新一轮工业升级和竞争就此拉开序幕。

近年来,美国、德国、日本等制造强国纷纷提出新的国家制造业发展计划。无论是美国的"工业互联网"、德国的"工业4.0",还是日本的"智能制造系统",都是根据各自国情为本国工业制定的系统性规划。作为世界制造大国,我国也把智能制造作为制造强国战略的主攻方向,于2015年提出了《中国制造2025》,这是全面推进实施制造强国建设的引领性文件,也是中国建设制造强国的第一个十年行动纲领。推进建设制造强国,加快发展先进制造业,促进产业迈向全球价值链中高端,培育若干世界级先进制造业集群,已经成为全国上下的广泛共识。可以预见,随着智能制造在全球范围内的孕育兴起,全球产业分工格局将受到新的洗礼和重塑,中国制造业也将迎来千载难逢的历史性机遇。

无论是开拓智能制造领域的科技创新,还是推动智能制造产业的持续发展,都需要高素质人才作为保障,创新人才是支撑智能制造技术发展的第一资源。高等工程教育如何在这场技术变革乃至工业革命中履行新的使命和担当,为我国制造企业转型升级培养一大批高素质专门人才,是摆在我们面前的一项重大任务和课题。我们高兴地看到,我国智能制造工程人才培养日益受到高度重视,各高校都纷纷把智能制造工程教育作为制造工程乃至机械工程教育创新发展的突破口,全面更新教育教学观念,深化知识体系和教学内容改革,推动教学方法创新,我国智能制造工程教育正在步入一个新的发展时期。

当今世界正处于以数字化、网络化、智能化为主要特征的第四次工业革命的起点,正面临百年未有之大变局。工程教育需要适应科技、产业和社会快速发展的步伐,需要有新的思维、理解和变革。新一代智能技术的发展和全球产业分工合作的新变化,必将影响几乎所有学科领域的研究工作、技术解决方案和模式创新。人工智能与学科专业的深度融合、跨学科网络以及合作模式的扁平化,甚至可能会消除某些工程领域学科专业的划分。科学、技术、经济和社会文化的深度交融,使人们可以充分使用便捷的软件、工具、设备和系统,彻底改变或颠覆设计、制造、销售、服务和消费方式。因此,工程教育特别是机械工程教育应当更加具有前瞻性、创新性、开放性和多样性,应当更加注重与世界、社会和产业的联系,为服务我国新的"两步走"宏伟愿景做出更大贡献,为实现联合国可持续发展目标发挥关键性引领作用。

需要指出的是,关于智能制造工程人才培养模式和知识体系,社会和学界存在多种看法,许多高校都在进行积极探索,最终的共识将会在改革实践中逐步形成。我们认为,智能制造的主体是制造,赋能是靠智能,要借助数字化、网络化和智能化的力量,通过制造这一载体把物质转化成具有特定形态的产品(或服务),关键在于智能技术与制造技术的深度融合。正如李培根院士在本系列教材总序中所强调的,对于智能制造而言,"无论是互联网、物联网、大数据、人工智能,还是数字经济、数字社会,都应该落脚在制造上"。

经过前期大量的准备工作,经李培根院士倡议,教育部高等学校机械类专业教学指导委员会(以下称"教指委")课程建设与师资培训工作组联合清华大学出版社,策划和组织了这套面向智能制造工程教育及其他相关领域人才培养的本科教材。由李培根院士和雒建斌院士为主任、部分教指委委员及主干教材主编为委员,组成了智能制造系列教材编审委员会,协同推进系列教材的编写。

考虑到智能制造技术的特点、学科专业特色以及不同类别高校的培养需求,本套教材开创性地构建了一个"柔性"培养框架:在顶层架构上,采用"主干课教材+专业模块教材"的方式,既强调了智能制造工程人才培养必须掌握的核心内容(以主干课教材的形式呈现),又给不同高校最大程度的灵活选用空间(不同模块教材可以组合);在内容安排上,注重培养学生有关智能制造的理念、能力和思维方式,不局限于技术细节的讲述和理论知识推导;在出版形式上,采用"纸质内容+数字内容"相融合的方式,"数字内容"通过纸质图书中镶嵌的二维码予以链接,扩充和强化同纸质图书中的内容呼应,给读者提供更多的知识和选择。同时,在教指委课程建设与师资培训工作组的指导下,开展了新工科研究与实践项目的具体实施,梳理了智能制造方向的知识体系和课程设计,作为整套系列教材规划设计的基础,供相关院校参考使用。

这套教材凝聚了李培根院士、雒建斌院士以及所有作者的心血和智慧,是我国智能制造工程本科教育知识体系的一次系统梳理和全面总结,我谨代表教育部机械类专业教学指导委员会向他们致以崇高的敬意!

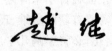

2021 年 3 月

前言
PREFACE

制造执行系统(MES)概念的提出已超过30年,作为数字化车间的使能器和智能制造的重要支撑技术之一,MES的意义与重要性已被国内外广泛认可,MES技术研发与应用均已取得长足进展。特别是近年来,随着智能制造的兴起,MES更是引起了工业界和学术界前所未有的关注,成为一个持续的热点。在此背景下,清华大学出版社在策划和组织编写智能制造系列教材时将《制造执行系统技术及应用》作为模块教材纳入其框架,确实是一件很有意义的事情。

综观众多有关MES的文章和书籍,大致可以将它们分成三类:第一类主要是从MES所依托的计算机辅助生产管理技术层面进行论述;第二类主要是从MES的IT实现技术层面进行阐述;第三类主要是从MES产品及应用实施层面进行介绍和说明。相对而言,综合介绍上述三个层面的MES书籍较少,特别是适合作为大学教材的更少。

MES是面向车间生产管理的实时信息系统。作为一类涉及面广的复杂技术与应用系统,宜从多个视角来综合认知MES,这样才可能比较完整地理解MES的内涵并窥探其全貌。结合多年从事MES教学、科研与实践的经验和体会,编者认为,宜从以下四个视角来认知MES:一是业务视角,即从MES业务活动层面的生产管理角度来认知MES;二是IT视角,即从MES实现层面的信息技术角度来认知MES;三是数据视角,即从MES运行层面的数据应用技术角度来认知MES;四是产品视角,即从MES产品层面的软件功能和应用实施角度来认知MES。

基于上述理念,编者在本书的结构安排与内容取舍上作了相应考虑。全书结构上分为三个层次:一是MES基础概论;二是MES关键技术;三是MES产品与应用。全书共分八章,在内容取舍上,首先是兼顾到四个认知视角。业务视角方面,主要介绍MES涉及的生产管理活动(第1章)、生产建模技术(第3章)、生产调度优化技术(第4章)等;IT视角方面,主要介绍MES软件架构(第2章)、可重构平台技术(第3章)等;数据视角方面,主要介绍系统集成技术(第2章)、数据采集与生产监控技术(第5章亦属IT视角)等;产品视角方面,主要介绍MES产品体系结构及应用案例(第6、7、8章)等。其次,鉴于MES与具体应用行业关联紧密且极具个性化特征,因此在关键技术方面主要介绍MES的共性技术。最后是在MES适用范围上兼顾到离散和流程两大制造行业,比如在MES基础理论、软件架构、系统集成、数据采集、产品体系结构及应用实施等方面均力求能够兼容或兼顾到离散工业与流程工业。

MES 涉及的内容十分广泛，但由于本模块教材篇幅上的限制，不可能面面俱到，甚至很多重要的关键技术，如物料管理与在制品跟踪技术、质量管控技术、智能调度技术、生产过程仿真技术、数据可视化技术等，在本书中也未能做深入介绍。读者如对这些内容感兴趣，可以参阅相关方面的书籍或资料。此外，MES 技术也是随着 IT 技术的发展与时俱进。近年来很多新的 IT 技术的引入极大地影响和推动着 MES 技术的发展与应用，比如信息物理系统（CPS）、数字孪生、工业云、边缘计算、数据建模与数据驱动、大数据与智能决策等，这些内容虽在书中有所涉及，但并未作深入讨论。IT 新技术的应用及其与 MES 的深度融合无疑将是新一代 MES 的发展方向。

感谢艾普工华科技（武汉）有限公司为本书提供的产品及案例素材。感谢我的硕士毕业生金愿华为本书提供的有关资料和帮助，以及我的在读硕士研究生亓鹏在本书的格式编排和文字校对等方面所做的工作。感谢我的同事朱海平教授为本书提供的建议和帮助。还要特别感谢本书有关参考文献的作者们，他们为本书的编著提供了关键性素材。感谢清华大学出版社对本模块教材的支持，特别感谢刘杨编辑为本书的出版所付出的努力。

MES 是一门内涵不断丰富且发展迅速的技术，鉴于编者对 MES 认识、理解和实践上的局限，特别是自身知识体系的局限，书中不妥甚至谬误之处在所难免，敬请读者批评指正。

编　者

2021 年 4 月

目 录
CONTENTS

第1章 MES概论 ·········· 1

1.1 MES的形成与发展 ·········· 1
   1.1.1 MES的由来 ·········· 1
   1.1.2 MES的简要发展历程 ·········· 2

1.2 MES的基本概念与内涵 ·········· 4
   1.2.1 MES的定义及其解析 ·········· 4
   1.2.2 MES模型及功能详解 ·········· 5
   1.2.3 MES与其他信息系统的关系 ·········· 8
   1.2.4 认知MES的4个视角 ·········· 10

1.3 MES涉及的生产管控活动 ·········· 12
   1.3.1 生产运行管理 ·········· 13
   1.3.2 库存运行管理 ·········· 15
   1.3.3 质量运行管理 ·········· 16
   1.3.4 维护运行管理 ·········· 16
   1.3.5 MES典型应用场景 ·········· 17

1.4 MES的应用与发展趋势 ·········· 18
   1.4.1 MES的应用现状 ·········· 18
   1.4.2 MES与数字化车间 ·········· 19
   1.4.3 MES的发展趋势 ·········· 20

第2章 MES系统架构与系统集成技术 ·········· 24

2.1 MES系统架构 ·········· 24
   2.1.1 基于改进C/S结构的MES 3层系统架构 ·········· 24
   2.1.2 基于B/S结构的MES分布式系统架构 ·········· 25
   2.1.3 基于SOA的MES系统架构 ·········· 27
   2.1.4 MES微服务架构 ·········· 29

2.2 MES系统集成技术 ·········· 32

  2.2.1　MES 系统集成需求 …………………………………………… 32
  2.2.2　MES 系统集成方式 …………………………………………… 34
  2.2.3　数据集成平台 ………………………………………………… 38

第 3 章　MES 生产建模与可重构平台技术 ………………………………… 41
 3.1　MES 生产模型与平台运行机制 ……………………………………… 41
 3.2　基于事件驱动的 MES 生产过程建模 ………………………………… 43
  3.2.1　生产过程事件模型 …………………………………………… 44
  3.2.2　生产过程执行模型 …………………………………………… 46
  3.2.3　建模实例 ……………………………………………………… 47
 3.3　MES 可重构平台技术 ………………………………………………… 49
  3.3.1　MES 重构要素 ………………………………………………… 50
  3.3.2　可重构 MES 体系结构 ………………………………………… 50
  3.3.3　MES 配置平台 ………………………………………………… 53
  3.3.4　基于配置平台的可重构 MES 应用系统 ……………………… 55

第 4 章　MES 生产调度优化技术 …………………………………………… 58
 4.1　车间生产调度概述 …………………………………………………… 58
 4.2　流水车间调度问题 …………………………………………………… 59
  4.2.1　Johnson 启发式算法 …………………………………………… 61
  4.2.2　CDS 启发式算法 ……………………………………………… 62
  4.2.3　NEH 启发式算法 ……………………………………………… 63
 4.3　作业车间调度问题 …………………………………………………… 63
  4.3.1　一般作业车间调度问题 ……………………………………… 63
  4.3.2　柔性作业车间调度问题 ……………………………………… 68
 4.4　车间动态调度问题 …………………………………………………… 70
  4.4.1　滚动调度工件窗口 …………………………………………… 72
  4.4.2　滚动再调度机制 ……………………………………………… 73

第 5 章　MES 数据采集与生产监控技术 …………………………………… 74
 5.1　车间制造信息及其采集方式 ………………………………………… 74
 5.2　MES 数据采集技术 …………………………………………………… 76
  5.2.1　条码技术 ……………………………………………………… 76
  5.2.2　RFID 技术 …………………………………………………… 78
  5.2.3　OPC 技术 ……………………………………………………… 81
 5.3　MES 生产监控系统 …………………………………………………… 82

		5.3.1 MES生产监控系统架构 ······ 83
		5.3.2 MES生产监控系统网络技术 ······ 84

5.4 车间物联网技术及其应用 ······ 87
  5.4.1 物联网技术简介 ······ 87
  5.4.2 基于车间物联网的MES生产监控系统 ······ 88

第6章 MES产品与应用实施 ······ 91

6.1 MES产品概述 ······ 91
6.2 MES产品体系结构 ······ 92
  6.2.1 离散工业与流程工业行业差异 ······ 92
  6.2.2 离散型与流程型MES功能差异分析 ······ 93
  6.2.3 离散型与流程型MES产品体系结构 ······ 95
6.3 MES实现策略与平台选型 ······ 99
  6.3.1 MES实现策略 ······ 99
  6.3.2 MES平台选型 ······ 99
6.4 MES项目实施方法 ······ 103
  6.4.1 MES立项分析 ······ 103
  6.4.2 MES项目的实施步骤 ······ 104
  6.4.3 MES实施的常见误区 ······ 105

第7章 离散型MES应用案例 ······ 107

7.1 艾普工华UniMax-MES介绍 ······ 107
  7.1.1 功能架构 ······ 107
  7.1.2 Mestar基础平台 ······ 110
  7.1.3 产品特点 ······ 112
7.2 UniMax-MES机械行业应用案例 ······ 113
  7.2.1 案例车间背景 ······ 113
  7.2.2 总体需求分析与系统架构设计 ······ 115
  7.2.3 工厂建模 ······ 119
  7.2.4 生产计划与调度 ······ 121
  7.2.5 生产执行与现场管理 ······ 126
  7.2.6 系统集成 ······ 132

第8章 流程型MES应用案例 ······ 134

8.1 Honeywell MES解决方案介绍 ······ 134
  8.1.1 数据管理平台 ······ 135

    8.1.2 Web 应用服务平台 ………………………………………………… 137
    8.1.3 核心功能模块 …………………………………………………… 139
  8.2 Honeywell MES 石化行业应用案例 ……………………………………… 142
    8.2.1 案例背景 ………………………………………………………… 142
    8.2.2 总体解决思路与 MES 体系结构 ……………………………… 143
    8.2.3 主要功能模块的应用 …………………………………………… 145
    8.2.4 实施效果 ………………………………………………………… 151

参考文献 ……………………………………………………………………………… 152

附录 文中部分缩略语中英文释义 ……………………………………………… 154

第1章

MES概论

本章简要介绍 MES 的形成背景与发展历程；重点阐述 MES 的基本概念与内涵，并提出认知 MES 的 4 个视角；论述 MES 涉及的生产管控活动的基本内容；简述 MES 的应用与发展趋势。本章中提供两个二维码扫描链接，分别对应 ISA-SP95《企业-控制系统集成标准》简介和一个 MES 典型应用场景案例。

1.1 MES 的形成与发展

1.1.1 MES 的由来

20 世纪 80 年代末，美国先进制造研究机构（advanced manufacturing research, AMR）提出了制造企业综合信息化系统的 3 层集成架构，如图 1-1 所示。该架构揭示了企业计划层与现场控制层之间所存在的制造执行层，并根据当时企业综合信息化系统的发展现状，指出在计划层与控制层信息系统之间出现了明显断层，并提出该断层需要由独立的制造执行系统（manufacturing excution system, MES）来填补，从而打通整个工厂的信息通道，实现企业信息系统的完整集成。

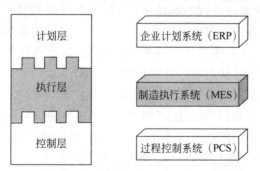

图 1-1 制造企业综合信息化系统的 3 层集成架构

在图 1-1 中，企业资源计划（enterprise resource planning, ERP）属于计划层，规划并制定企业生产计划，侧重于制定中长期生产计划，如年度计划、季度计划等；过程控制系统（process control system, PCS）属于控制层，包括设备控制、自动化流程控制等，常用的控制方式/控制设备有可编程逻辑控制（PLC）、分散控制系统

(DCS)、现场总线控制系统(FCS)等,起生产过程控制作用;MES属于执行层,处于计划层与控制层之间,主要负责生产过程管理与生产任务的分派执行,实现诸如作业调度、质量控制、物流管控、设备维护等功能。虽然以ERP为代表的企业计划系统和车间的PCS已经发展到了非常成熟的程度,但是ERP系统的服务对象是企业管理的上层,一般对车间层的管理流程不提供直接和详细的支持。而现场自动化系统的功能主要是监控现场设备和工艺参数,它可以向管理人员提供现场检测和统计数据,但其本身并非真正意义上的管理系统。所以,ERP系统和过程控制系统之间出现了管理信息上的"断层",对于用户车间层面的调度和管理要求,它们往往显得束手无策或功能薄弱。作为连接两者的桥梁,MES应运而生。1990年,AMR正式提出了MES的概念,旨在强化车间的执行功能,同时把ERP通过MES与车间现场的PCS联系起来。

MES形成与发展的原因除了需要填补企业计划层与现场控制层之间的信息断层外(外因),更重要的是车间生产管理系统本身发展的需要(内因)。在MES概念出现之前,车间生产管理依赖若干独立的单一功能软件,如车间作业计划系统、工序调度、工时管理、设备管理、库存控制、质量管理、数据采集与监控等软件来完成。这些软件之间缺乏有效的集成与信息共享机制,难以达到车间生产过程的全局优化。为了提高车间生产过程管理的自动化与智能化水平,必须基于统一的信息平台对车间生产过程进行集成化管控,实现系统集成与信息共享,从而达到车间生产过程整体全局优化的目的。

此外,其他先进制造与管理模式的发展也需要MES,因为各种先进制造管理模式的实现都绕不开车间层的自动化与信息化。例如:计算机集成制造(CIM)就包含对车间层制造过程的自动化与管理信息化;精益生产模式要求对车间生产过程进行精细化管控;敏捷制造要求对车间生产进行数字化、集成化、柔性化和智能化管控,以支持企业制造过程的敏捷化;车间生产管控的数字化与智能化更是数字化制造与智能制造中不可或缺的重要一环。与此同时,相关技术的发展与成熟为MES的发展提供了技术支撑。这些支撑技术包括计算机网络技术(如工业局域网、现场总线、无线传感网络等)、计算机软件技术(如新型软件架构与软件开发技术、实时数据库、大型分布式数据库、分布式对象计算、软总线及组件技术、中间件技术等)、自动控制与传感检测技术(如PLC、DCS、SCADA、RFID、智能仪表、数字传感器、网络数控技术、物联网技术等),以及计算机辅助生产管理技术(如APS、生产调度优化、质量管理与控制、过程管理及工作流技术等)等。

1.1.2 MES的简要发展历程

从20世纪70年代开始就出现了一些解决单一生产管控问题的所谓专用MES系统(Point-MES),如设备状态监控系统、质量管控系统,以及涵盖生产调度、生产进度跟踪、生产统计等功能的生产管理系统。但这些系统只是单一功能的软件产品或软硬件系统,而不是一个集成的整体解决方案。20世纪80年代末,AMR首先明确提出了MES的概念,并提出3层结构的企业信息化体系结构(即计划层—执行层—控制层),将位于计划层与控制层之间的执行层叫作MES——制造执行系统。

MES发展初期并没有一个非常明确的定义,它只是一个特定集合的总称,用来表示一些特定功能的集合,以及实现这些特定功能的软硬件产品。那些无法准确地分配给企业信息系统体系结构其他层的应用程序或产品都被归到MES范畴之下。直到1992年,美国成立了以宣传MES思想及其产品推广为宗旨的贸易联合会——MES国际联合会(MESA International),并致力于MES的模型化描述与功能集成化,MES在这一时期的重点是基于MES模型实现车间生产现场的信息整合。1997年,MESA发布修订后的6个关于MES的白皮书(简称《MES白皮书》),对MES的定义、功能与应用等问题进行了详细阐述,提出了MES标准化和功能组件化、模块化思想,以及11个标准化MES功能组件及集成模型框架。在这一时期,很多MES软件产品实现了组件化,用户根据需要就可以灵活快速地构建自己的MES,极大地方便了系统的实施与集成。

标准化是推动MES发展的重要因素。自20世纪90年代末开始,大量研究机构、政府组织参与了MES的标准化工作,涉及分布式对象技术、软件集成技术、MES平台技术等。1999年,美国国家标准与技术研究院(National Institute of Standards and Technology,NIST)在《MESA白皮书》的基础上,发布了有关MES模型的报告,将MES有关概念与技术规范化。与此同时,美国仪表、系统与自动化学会(Instrumentation, Systems, and Automation Society, ISA)在美国国家标准化协会(American National Standards Institute, ANSI)的监督下开始致力于MES标准化工作,并于2000年推出了《企业-控制系统集成标准》,即ANSI/ISA-SP95(简称ISA-95或SP95),其中SP95表示ISA的第95个标准项目。ISA-SP95标准描述了企业商业系统和控制系统之间的集成规范,定义了企业-控制系统集成时所用的术语和模型,以及制造运行管理应支持的一系列不同业务操作。SP95系列标准后来被陆续采纳为国际标准(ISO/IEC 62264),在我国也被采纳为国家标准(GB/T 20720)。目前,国际主流MES系统主要参照ISA-SP95标准,MES解决方案的应用架构从设计到应用模块上均参照ISA-SP95标准的要求。国际上一些MES主流供应商纷纷采用ISA-SP95标准,如德国西门子、SAP,美国AspenTech、GE Fanuc、Holleywell、Rockwell等公司的MES产品和解决方案均基于ISA-SP95标准框架。

ISA-SP95标准的简介

随着分散化网络制造模式的发展,2004年MESA提出了协同MES体系结构(c-MES)。与此相适应,MESA也更名为制造企业解决方案协会(Manufacturing Enterprise Solution Association)。与此同时,基于c-MES体系结构的下一代MES(Next Generation MES)的概念被提出,其目标是以MES为引擎,实现全球范围内的生产协同。下一代 MES 建立在 ISA-SP95 标准上,易于配置、变更和使用,无客户化代码,具有良好的可集成性,其显著特点是支持生产同步化和网络化协同制造。它可对分布在不同地点甚至是全球范围内的工厂进行实时化信息互联,并以 MES 为引擎进行实时过程管理以协同企业所有的生产活动,建立过程化、敏捷化和级别化的管理使企业生产经营达到同步化。美国 CIMNET 公司的 Factelligence、CAMSTAR 公司的 InSite 等是下一代 MES 产品的代表。

1.2　MES 的基本概念与内涵

1.2.1　MES 的定义及其解析

MES 的中文翻译为"制造执行系统""生产实施系统""工艺执行系统"等。AMR 提出的 MES 概念明确指出:MES 是位于上层计划管理系统与底层工业控制之间的面向车间层的管理信息系统。它为操作人员、管理人员提供计划的执行、跟踪以及所有资源(人、设备、物料、客户需求等)的当前状态信息。

简单来讲,MES 是面向制造车间生产管理的实时信息系统,它主要解决车间生产任务的执行问题,其目的是对各种与车间生产相关的活动进行调度和监控,并尽可能详细地记录其生产过程履历,从而实现车间生产过程的透明可视、有序可控和优化决策。提出 MES 概念的目的主要是填补企业综合信息化系统中企业上层生产计划与车间底层工业控制之间的信息"断层"。MES 将企业上层的生产计划系统与车间底层的设备控制系统联系起来,填补了两者之间的"鸿沟",打通了工厂的信息通道,因此 MES 成为企业综合信息化系统中的重要组成部分,起着承上启下的作用。

MESA 对 MES 的正式定义如下:MES 是汇集了车间中用以管理和优化从订单下达到生产完成的全过程中所有活动的硬件或软件组件,它控制和利用准确的制造信息对车间生产活动中的实时事件做出快速响应,同时向企业决策支持过程提供相关生产活动的重要信息。

解析 MES 的上述定义,可以看出其内涵包含如下 4 个方面:

(1) MES 是软硬一体化系统。MES 是一个集成的计算机化系统(包括硬件和软件),是用来完成车间生产任务的各种方法和手段的集合。

(2) MES 面向车间全局优化。MES 对从订单下达到产品完成的整个生产过程进行全局优化管理,而不是追求解决某个单一的生产瓶颈问题。

(3) MES 追求解决问题的及时性。MES 实时收集生产过程中的数据和信息,并做出相应的分析和快速响应。当车间发生实时事件时,MES 能对此及时作出反应、报告,并用当前的准确数据对它们进行指导和处理。

(4) MES 起到企业信息中枢的作用。MES 通过双向的直接通信在企业内部和整个产品供应链中提供有关生产行为的关键绩效信息。因此,MES需要与计划层和控制层进行信息交互,通过企业的连续信息流来实现企业乃至整个供应链的信息集成。

1.2.2 MES 模型及功能详解

MES 是面向制造车间的生产管控与实时信息系统,其主要功能是管理、控制和优化车间的制造活动,解决制造车间的生产运作问题。在企业综合信息化系统中,MES 是与 SCM(供应链管理系统)、SSM(服务销售管理系统)、MRPⅡ/ERP(企业资源规划与计划系统)、P/PE(产品工程及工艺设计系统)以及 Coutrols(车间设备控制系统)等并列的制造信息化系统,而且在整个企业综合信息化系统中起着承上启下的桥梁作用。根据《MES 白皮书》,MES 在企业综合信息化系统中的定位模型及功能界定如图 1-2 所示。

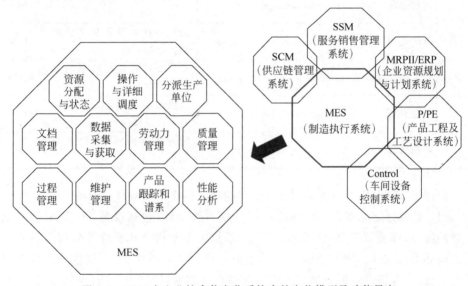

图 1-2 MES 在企业综合信息化系统中的定位模型及功能界定

综合 MESA 和 NIST 对 MES 的功能界定,可以列出 12 项 MES 标准功能:资源分配与状态、操作与详细调度、分派生产单位、文档管理、数据采集与获取、劳动力管理、质量管理、过程管理、维护管理、产品跟踪和谱系、性能分析、物料管理,见表 1-1。表中备注部分"M/N"表示该功能由 MESA 和 NIST 提出或同时认可,"M"表示该功能仅由 MESA 提出或认可,"N"则表示该功能仅由 NIST 提出或认可。

表 1-1 MES 标准功能一览表

序号	功能项目	英 文 全 称	功 能 简 述	备注
1	资源分配与状态	resource allocation and status	即资源管理,管理车间资源分配及状态信息	M/N

续表

序号	功能项目	英文全称	功能简述	备注
2	操作与详细调度	operations/detail scheduling	即作业调度,生成操作计划,提供作业排序功能	M/N
3	分派生产单元	dispatching production units	即生产分派,管理和控制生产单元的流程	M/N
4	文档控制/规范管理	document control/specification management	管理、控制与生产单位相关的记录	M/N
5	数据采集与获取	data collection/acquisition	采集生产现场中各种必要的数据	M/N
6	劳动力管理	labor management	提供最新的员工状态信息	M/N
7	质量管理	quality management	记录、跟踪和分析产品及过程特性	M/N
8	过程管理	process management	监视生产,纠偏或提供决策支持	M
9	维护管理	maintenance management	跟踪和指导设备及工具的维护活动	M/N
10	产品跟踪和谱系	product tracking and genealogy	提供工件在任意时刻的位置及其状态信息	M/N
11	性能分析	performance analysis	提供最新的实际制造过程及对比结果报告	M/N
12	物料管理	material management	管理物料的运动、缓冲与储存	N

根据《MES白皮书》,下面对表1-1中的功能稍作详细解释和说明。

(1) 资源分配与状态。该功能用以管理各种资源(包括设备、工具、材料和其他辅助设备,以及派工单、领料单、工序卡等相关作业指令和文件等确保设备正常开工所必需的实体),跟踪资源状态并维护一个详细的历史记录,提供资源的实时状态信息,以保证设备能够适时地安装调整以及其他资源(如文档)能够及时获取。资源管理包括对资源的保存与分派,以支持操作与详细调度功能,从而达到操作调度目标。

(2) 操作与详细调度,即作业调度。该功能生成工序计划(即详细计划)以满足用户定义的生产系统运行目标。它基于订单优先级、对象属性特性以及制造方法与工艺等约束条件进行作业排序,使得设备的调整或准备时间最少,并根据不同的加工路径以及加工路径的重叠与并行情况计算出它们的加工时间或设备负荷,从而获得较优的加工顺序或路径。

(3) 分派生产单元,即生产分派。该功能是根据生产计划和详细排程来管理作业、订单、批次、工作指令等内容进行生产单元流程分派,其目标是以适当的顺序分派上述信息,使其在正确的时间到达正确的地点。该功能还可针对生产过程中出现的突发问题及时修改作业指令,调整加工顺序。它具有变更预定排程与生产计划的能力,通过重新安排生产和补救措施,改变已下达的计划,并具有通过缓冲管理来控制在制品数量的能力。

(4) 文档管理。文档管理负责控制、管理、交付与生产单位相关联的信息,包括工作指令、制造方法、图纸、标准操作规程、零件加工程序、批次记录、工程更改通知以及交班信息等。它支持编辑预定信息和维护文档历史版本,还包括对环境、健康、安全等方面的法规以及ISO标准信息的管理。

(5) 数据采集与获取。该功能可获取和更新用于产品跟踪、维护生产历史记录以及其他生产管理功能的生产信息(如对象、批次、数量、时间、质量、过程参数、设备启停时间、能源消耗等)。它可使用扫描仪、输入终端与制造控制者的软件界面以及其他软件等相结合,以手工或自动方式在车间采集最新的数据来实现上述功能。这些数据可能存在于生产单位相关的文档或记录中,来源于底层DCS或PLC装置中,或采用其他方式获得,它们是性能分析的数据源。

(6) 劳动力管理。该功能提供车间最新的人员状态信息,包括时间和出勤记录、资质跟踪以及追踪其间接活动的能力(如领料、备料、准备时间等),作为成本分析和绩效考核的依据。劳动力管理与资源分配进行交互可以确定最优的人员分配。

(7) 质量管理。该功能从生产过程实时采集质量数据,对质量数据进行分析、跟踪、管理和发布。它运用数理统计方法对质量数据进行相关分析,监控产品质量,同时鉴别出潜在的质量问题。亦可分析造成质量异常的操作、相关现象与原因,提出纠正或校正的措施,或提出质量改进意见和计划。质量管理也可以包括SPC/SQC跟踪、离线检测操作以及在实验室信息管理系统中进行分析。

(8) 过程管理。过程管理用于监视生产过程、自动纠偏或为操作者提供决策支持以纠正和改善在制活动(这种活动既可以是工序内的,也可以是工序间的),还可包括报警管理。过程管理可能通过数据采集与获取提供智能设备与MES接口。(NIST认为过程管理活动已在分派与质量管理中描述,MESA将其单列是因为该活动可能由一个单独的系统来执行。)

(9) 维护管理。该功能对生产过程中的设备(含刀具、夹具、量具、辅具)进行管理,记录设备的基本信息(加工范围、精度、对象、持续工作时间等)、设备当前状态(设备负荷、可用性)、设备维修计划、设备故障和维修情况等。此外,它还跟踪和指导设备及工具的维护活动以保证这些资源在制造进程中的可获性,保证周期性或预防性维护调度,以及对应急问题的反应(报警),并维护事件或问题的历史信息以支持故障诊断。

(10) 产品跟踪和谱系。该功能提供生产过程中的所有时期工作及其处置的可视性。它提供的状态信息包括:谁在进行该工作,供应者提供的零件、物料、批量、序列号、任何警告、返工或与产品相关的其他例外信息等。其在线跟踪功能同时创建一个历史记录,该记录给予零件和每个末端产品使用的可跟踪性,其功能包括在制品(work in process,WIP)跟踪,以及产品生产的历史数据存储和管理。

(11)性能分析。该功能提供车间实际制造操作活动的最新报告,以及与历史记录和预期运营结果的比较。车间运行性能结果包括对资源利用率、资源可获取性、产品单位周期、与排程表的一致性、与标准的一致性等指标的度量。

(12)物料管理。该功能管理物料(原料、零件、工具)及消耗品的运动、缓冲与储存。这些运动可能直接支持过程操作或其他功能,如设备维护或安装调整。(该功能在 MESA 中没有列入,为 NIST 所追加,他们认为上述物料管理活动与资源分配和跟踪功能的关系并不明确。)

在 MES 的功能中,又有核心功能与辅助功能之分。所谓核心功能,是指 MES 系统中与生产过程管理直接相关、提供生产管理的最基本功能,包括操作与详细调度、分派生产单位、资源分配与状态、物料管理、数据采集与获取等。这些功能相互关联,集成而不可分割,构成了车间生产过程的主线,主要涉及制造资源和工作订单的管理与执行。所谓辅助功能,是指生产过程管理的外围或支持活动,包括维护管理、劳动力管理、质量管理、文档管理、性能分析、产品跟踪和谱系等。这些辅助功能大大拓展了 MES 的含义。

1.2.3 MES 与其他信息系统的关系

参照《MES 白皮书》,MES 各功能模块之间,以及 MES 与企业其他信息化系统之间的关系如图 1-3 所示。

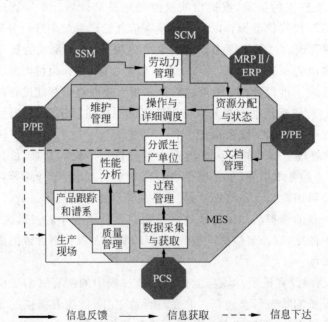

图 1-3 MES 功能模块与企业其他信息化系统之间的关系

通过 MES 的功能介绍和 MES 与其他信息系统之间的关系可以看出,MES 通过与 MRPⅡ/ERP,P/PE(产品/产品工程)等系统集成的方式获取生产任务、设备、人员及生产准备等信息,运行资源分配与状态、维护管理以及文档管理等功能,为操作与详细调度提供支持;根据上述信息运行操作与详细调度生成作业计划,并下达到车间生产单元;车间按照作业计划组织和安排生产,生产中的实际执行情况、质量等信息通过现场数据采集功能获取,对收集的数据进行分析后利用过程管理功能对作业计划进行调整,形成动态调度反馈系统。与此同时,MES 将产品制造执行情况向相应的企业信息化系统进行反馈,向它们提供有关的生产绩效数据。例如,MES 向 MRPⅡ/ERP 提供制造成本、生产周期、资源消耗及产出等生产数据,向 SCM 提供订单实际状态、生产能力及容量等信息,向 SSM 提供有关产品交货期的数据等,向 PCS 提供在一定时间内使整个生产设备以优化的方式进行生产的工艺规程、配方和指令等。由此可见,MES 是一个以生产制造信息的收集与管理为主要手段、以作业调度与生产执行管理为核心,对车间制造执行过程进行协调与控制的动态反馈系统,同时向企业其他相关业务管理系统反馈制造层面的各类生产信息。

鉴于 MES 的重要作用是用于填补企业上层生产计划(MRPⅡ/ERP)与底层设备控制(PCS)之间的"鸿沟",连通 MRPⅡ/ERP 与 PCS 之间的信息断层,构建"计划—执行—控制"3 层完整的企业综合信息化系统完整架构(见图 1-1),下面重点说明 MES 与 MRPⅡ/ERP 和 PCS 之间的关系。

图 1-4 描述了 MES 与 MRPⅡ/ERP 和 PCS 之间的数据流及其响应的时间因

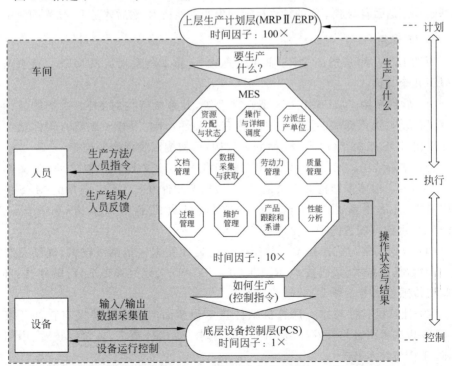

图 1-4　MES 在车间中的数据流

子(用来描述时间量级,如 10× 表示时间量级为 10)。就响应性要求而言,假定对 MRPⅡ/ERP 响应性要求的时间量级因子为 100×,则对 MES 响应性要求的时间量级因子为 10×,而对 PCS 控制层响应性要求的时间量级因子则为 1×。由此可见,在上述 3 层信息化模型架构中,由上而下对响应的时间量级要求越来越小,信息控制粒度越来越细。

图 1-5 描述了 MES,MRPⅡ/ERP,PCS 3 层之间的具体信息流。

1.2.4 认知 MES 的 4 个视角

MES 是一类涉及广泛的复杂技术与应用系统,需从多个视角来综合认知 MES,这样才能比较完整地理解 MES 的内涵并窥探其全貌。下面介绍认知 MES 的 4 个视角,即从业务、IT、数据、产品视角来认识 MES,以全面把握 MES 的内涵,加深对 MES 的理解。

1. 业务视角

业务视角是我们认识 MES 的基本视角,即从 MES 业务活动层面的生产管理角度来认识 MES。MES 的生产业务活动涵盖了生产管理、物料管理、质量管理、设备管理 4 个范畴,包括生产计划与调度、生产过程管理、库存管理与物料跟踪、质量管控、设备维护、生产绩效分析等业务功能,涉及生产计划与控制、质量管理、库存控制、物流管理、设备维护管理、生产系统建模与运行优化等诸多生产管理技术。MES 背后的基础首先是面向制造车间的计算机辅助生产管理技术,然后才是 IT 技术的应用。

2. IT 视角

所谓 IT 视角,是指从 MES 实现层面的 IT 技术角度来认识 MES。该视角包括以下几个方面:

(1) 软件架构。MES 作为大型软件系统,其系统架构对 MES 系统的设计开发、配置重构、运行部署、系统维护等具有基础性影响。MES 常见的软件架构有 C/S 架构、B/S 架构、SOA 架构、微服务架构、云架构以及混合架构等。

(2) 体系结构。MES 体系结构与软件架构的含义具有相似之处,英文都是 architecture。但体系结构偏方法论,软件架构偏软件开发实践。典型的 MES 体系结构有集成化体系结构(integrated-MES)、可集成的体系结构(integratable-MES)、可重构可配置的平台化体系结构等。

(3) 数据采集与监控技术。数据采集与监控技术包括网络技术、现场总线技术、实时数据库技术、条码技术、RFID、OPC、SCADA、数据采集平台、服务器、自动控制与传感检测等多种 IT 软硬件技术。

(4) 计算机软件技术。计算机软件技术包括面向对象的建模与软件开发技术、计算机编程语言与开发环境、分布式计算技术、组件技术、软总线技术、中间件技术、工作流技术等。

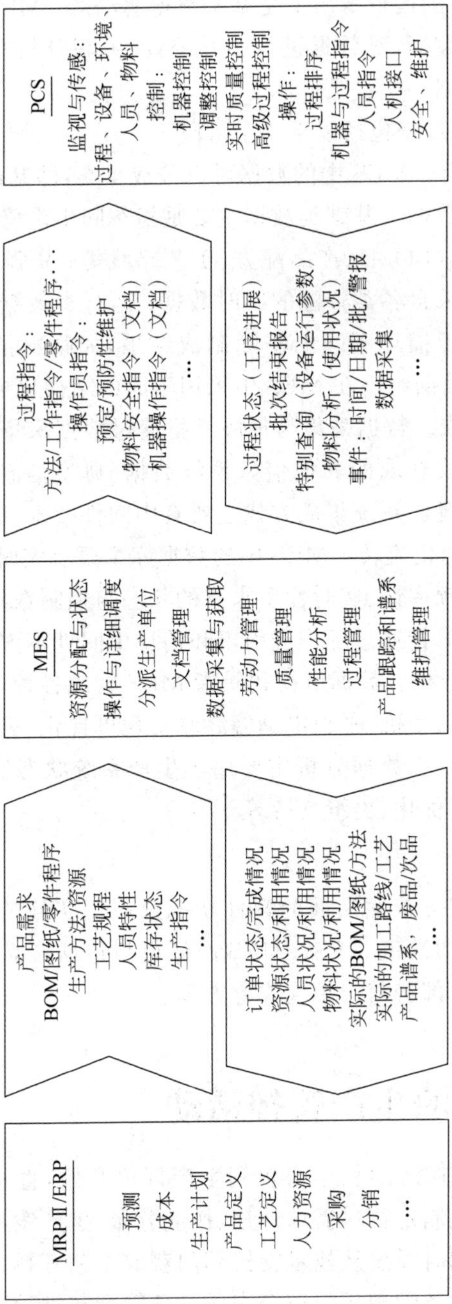

MRP II/ERP

预测
成本
生产计划
产品定义
工艺定义
人力资源
采购
分销
……

↔ 产品需求
BOM/图纸/零件程序
生产方法/资源
工艺规程
人员特性
库存状态
生产指令
……

↔ 订单状态/完成情况
资源状况/利用情况
人员状况/利用情况
物料状况/利用情况
实际的BOM/图纸/工艺
实际加工路线/工艺
产品谱系、废品/次品
……

MES

资源分配与状态
操作与详细调度
分派生产单位
文档管理
数据采集与获取
劳动力管理
质量管理
性能分析
过程管理
产品跟踪和谱系
维护管理

↔ 过程指令：
方法/工作指令/零件程序……
操作员指令
预定/预防性维护
物料安全指令（文档）
机器操作指令（文档）
……

↔ 过程状态（工序进展）
批次结束报告
特别查询（设备运行参数）
物ույ分析（使用状况）
事件：时间/日期/批/警报
数据采集

PCS

监视与传感：
过程、设备、环境、人员、物料
控制：
机器控制
调整控制
实时质量控制
高级过程控制
操作：
过程排序
人员与过程指令
机器与过程指令
人机接口
安全、维护

图 1-5 MES 与 MRP II/ERP 和 PCS 之间的具体信息流

3. 数据视角

所谓数据视角,是指从 MES 运行层面的数据应用技术角度来认识 MES。数据是 MES 的血液,MES 的运行本质上是基于数据驱动的:MES 采集并管理生产、设备、质量、物流等众多数据,对数据进行归并统计、关联分析和趋势预测等,为生产运行优化决策提供依据。

MES 中的数据应用过程包括以下 4 个阶段:

(1) 数据描述与建模。MES 中的数据可以分成 4 类,即基础类数据、资源类数据、运行类数据、绩效类数据。基础类数据主要是指车间生产管理中所必需的定义类基础数据,如物料清单(BOM)、产品配方、工艺路线等;资源类数据是指来自外部系统的导入数据以及采自各类资源的实时数据;运行类数据主要指计划与调度类数据;绩效类数据用于描述车间的实际制成结果,如物料消耗记录、关键绩效(KPI)数据等。不同的数据类型在 MES 中采用不同的结构化描述和表达。

(2) 数据采集与集成。数据采集与集成是指通过数据采集平台获取的资源类数据和通过系统集成方式获取的其他信息系统数据,典型信息系统如 ERP、PLM(产品全生命周期管理)等。系统集成方式主要有中间件技术、数据集成平台等。

(3) 数据管理与自动化流转。MES 中的数据库主要有实时数据库和关系数据库 2 类。前者存储更新频率快、实时性要求高的状态与控制数据,后者存储一般的业务数据。数据的自动流转通过工作流引擎和消息中间件等方式实现。

(4) 数据可视化与分析。数据可视化是指 MES 生成各种数据报表和图表,通过电子看板、中控室大屏、手机、平板电脑等终端实现可视化,也可以在三维虚拟车间以透明报表的形式呈现。数据分析主要用于生产系统状态监控与预测、故障诊断及问题溯源、生产过程优化、决策支持等。

4. 产品视角

产品视角是指从 MES 产品层面的软件功能及应用实施的角度来认识 MES,该视角有助于直观了解和认识 MES。MES 产品视角包括产品体系结构与产品形态、功能模块、软件界面、部署与应用模式等方面。

1.3 MES 涉及的生产管控活动

MES 涉及的生产管控活动从车间接到生产订单开始,直到制成品入库结束,中间需要经历计划调度、制定物料需求计划、作业分派、生产线准备、生产线执行以及制成品入库等过程,同时需要从技术支持部门获取工艺资料、接受质量管控部门的物料及产品质检、与设备管理部门配合完成设备管理与维护工作,可能还需要与研发部门共同解决生产技术问题。归纳起来,生产车间的运行管理活动涉及 4 个范畴:生产管理、物料管理、质量管理、设备管理,ISA-SP95 将其分别规范为生产运行管理、库存运行管理、质量运行管理和维护运行管理。图 1-6 所示为上述 4 个范畴质检及其与车间外部的交互全景(图中数字表示功能编号),构成了整个工厂的制造运行管理模型。由图 1-6 可以看出,在 ISA-SP95 提出的制造运营管理(manufacturing operation management,MOM)概念中,将生产运行、维护运行、质量运行和库存运行并列起来,拓展了 MES 的传统定义。而传统的制造执行管理是以车间生产运行管理为主线展开的,其他 3 个范畴以及车间外的管理活动都为车间生产运行管理提供辅助和支持。

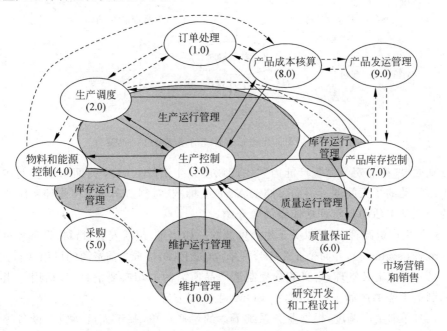

图 1-6 工厂制造运行管理模型(ISA-SP95)

1.3.1 生产运行管理

制造车间的生产管理活动可以概括为解决以下 4 个方面的问题:一是"如何生产"?该问题主要通过对生产产品的产品定义来回答,包括产品结构、材料、工艺等;二是"可以生产什么"?该问题主要通过对车间生产能力信息的获取来回答,包括车间设备、设施、人力等制造资源;三是"在什么时间生产什么"?该问题主要通过车间生产计划调度、生产分派与生产执行管理等来回答;四是"在什么时间已经生产了什么"?该问题主要通过数据采集、生产跟踪与生产绩效分析来回答。

针对上述制造车间运作活动的 4 个问题,根据 ISA-SP95 规范建立有如图 1-7 所示的制造车间生产运行管理活动模型。该模型描述了制造车间生产管控系统所具有的生产资源管理、产品定义管理、详细生产调度、生产分派、生产执行管理、生产数据采集、生产跟踪、生产绩效分析 8 大基本活动与管理功能,以及这些功能如

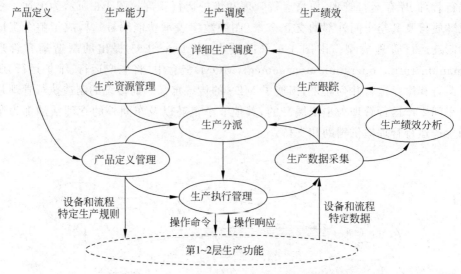

图 1-7 制造车间生产运行管理活动模型(ISA-SP95)

何分别通过"产品定义""生产能力""生产调度""生产绩效"4个方面来回答上述车间生产活动的4大问题。下面参照 ISA-SP95 标准,对制造车间生产管控系统所具有的8大基本活动与管理功能做简要介绍。

(1) 生产资源管理,提供关于生产资源的一切信息,包括人员、物料、设备和过程段(process segment),并向企业业务管理系统(如 ERP)报告当前资源的可用状态。

(2) 产品定义管理,定义和管理制造产品所需的一切必要信息,包括用于指导产品制造工作的产品生产规则,如 BOM、生产配方等。

(3) 详细生产调度,根据业务系统下达的生产订单,基于人员、物料、设备等资源情况和当前任务状态,制定工序级作业排程,使得本地资源获得最佳利用率。

(4) 生产分派,将生产作业计划分解成作业任务后分派给人员或设备,启动产品生产过程,并控制工作量。

(5) 生产执行管理,通过一组指导工作执行的活动(如通过生产运转次序的合理安排来选择、启动和移动工作单元)来保证分派的作业任务得以完成,包括生产过程的可视化。

(6) 生产数据采集,为特定工作流程或特定生产要求收集、编辑和管理生产数据。如从 PCS 自动采集传感器读数、设备状态等数据,或通过键盘、触摸屏、扫描枪等方式人工采集操作工动作等数据。

(7) 生产跟踪,跟踪生产过程,包括物料移动、过程段的启停时间等,总结和汇报关于产品生产中人员和设备的实际使用、物料消耗、成本与绩效分析结果的有关生产数据信息。

(8) 生产绩效分析,为业务系统分析和汇报绩效信息,包括生产单位活动周期、资源利用、设备使用、设备绩效、程序效率以及生产可变性等方面的信息,用于完善 KPI 报告,不断优化生产过程和资源利用效率。

在上述模型(图 1-7)中,生产资源管理提供关于制造系统资源的相关信息,包括设施、设备、物料等,并向企业计划系统(如 ERP)报告当前哪些资源可用,从而回答车间生产能力的问题。产品定义管理提供关于如何生产一个产品的信息,管理与产品制造相关的活动。详细生产调度则根据计划系统下达的生产订单,基于车间资源和当前生产任务的状况,制定详细的排产计划(包括生产顺序和生产时间),从而回答车间在什么时间生产什么的问题。生产分派是将生产作业计划分解成作业任务后派发给相应的人员或设备,启动产品生产过程;而生产执行管理则是保证分派的作业任务得以完成。生产跟踪是指跟踪车间生产过程,包括物料移动、设备或过程段的启停时间、生产系统 KPI 等,向企业计划系统报告在生产时间生产了什么。生产绩效分析是通过对采集到的车间数据进行分析,确认生产过程完成及其绩效情况。生产数据采集是从现场过程控制系统通过自动、半自动或人工方式(如 RFID、扫描枪、键盘等)采集生产事件、设备状态等信息,为生产执行、生产跟踪和生产绩效分析提供数据与信息来源。

1.3.2 库存运行管理

库存运行管理即物料管理,是企业对生产中使用的各种物料的采购、保管和领用发放环节进行计划和控制等管理活动的总称。物料管理是企业生产执行的对象和基础,它接收来自生产执行层的物料请求,通过一系列物料管理活动的执行,对生产执行层进行及时的物料响应,生产执行层再根据物料响应结果做进一步的生产执行决策。物料管理主要实现收料管理、物料仓储管理和发料管理 3 个基本功能。

企业的生产活动是把物料转化为产品的活动,在转化过程中还会有中间产品或在制品产生。所以,物料管理的对象包括原材料或初始物料、中间产品或在制品、最终产品或制成品。

参照 ISA-SP95 标准,库存运行管理被定义为 4 大制造运行管理范畴之一。根据该标准中对库存运行管理活动的描述,库存运行管理包含以下 8 个活动:

(1) 库存资源管理,即管理物料储存和移动中使用的资源。

(2) 库存定义管理,即管理与物料移动和储存相关的规则和信息,这些规则可能是特定位置、特定设备或特定物料。

(3) 库存详细调度,即获得库存请求和生成详细的库存调度。

(4) 库存分派,即根据库存定义管理和库存详细调度,分配和发送库存工作指令给适当的库存资源。

(5) 库存执行管理,即根据库存分配单的基础内容指导库存工作的执行。

(6) 库存数据收集,即收集和汇报有关库存运行和物料操作的数据。

(7) 库存跟踪,即管理有关库存请求和库存运行报告信息,包括产生或更新物料转移和物料储存的记录。

(8) 库存分析，即分析库存效率和资源使用情况以改善库存运行。

MES 主要关注车间内部的库存运行管理，即物料在车间内的转移和使用，亦即与具体生产订单对应的物料转移活动。

1.3.3　质量运行管理

MES 质量运行管理聚焦于车间制造过程的质量管理，是对车间生产节点进行质量管控，目标是建立一个控制状态下的生产系统，力求把车间的制造水平持续保持在最佳状态，确保车间能稳定、持续地生产出符合质量要求的产品。MES 通过采集车间信息，跟踪、分析和控制加工过程的质量，实现从原材料入库到成品出车间的全制造过程的质量管理。

制造车间的质量管理活动涵盖检验、分析和控制3个环节。参照 ISA-SP95 标准对制造运行管理中质量管理活动的描述，质量管理活动由质检前（质检资源管理、质检定义管理）、质检中（质检调度、质检分派、质检执行）和质检后（质检数据收集、统计分析、质检跟踪追溯）3部分，共8个活动组成。

（1）质检资源管理：提供质检所需的人员、工具和材料等。当分派质检任务时，MES 自动将可以派工的人员、工具等列入计划管理人员安排。

（2）质检定义管理：提供检验项管理，可以为工序输出的成品设定检验项目、检验类型和检验标准等，确定各工序生产出来的成品所要达到的质量要求。

（3）质检调度：制定详细的质检计划，根据生产排程和资源确定检验人、检验时间、检验批次和抽检数量等。

（4）质检分派：将质检计划下达至工位，通知工位执行质检任务的内容、时间等。

（5）质检执行：对原料、半成品及成品进行检验并获取质检数据，对比判定标准并判断是否合格。检验可以是生产线上的在线检测，也可以是在实验室的离线检测。

（6）质检数据收集：通过人工录入或设备的半自动、自动方式获取和保存质检数据。

（7）统计分析：对检验数据进行统计分析，找出问题，改进质量保证措施。

（8）质量跟踪追溯：当发现质量问题时，追溯在制造环节的问题根源、责任工位和原材料批次等，排除生产系统中的问题或故障。

按照质量检验的时机和提取样品的方式划分，质检主要分为首检、巡检、全检和抽检4种类型。按照质检作业环节划分，MES 质检作业管理分为来料检验、上料检验、成品入库检验和成品出库检验4种类型。

1.3.4　维护运行管理

生产设备处于车间生产活动的中心地位，设备的运转情况会影响产量和产品的质量,设备发生故障停机检修将影响生产调度。可以说,设备管理是企业生产活动的物质技术基础,决定着企业的生产效率和制造质量,要维持正常的生产活动就离不开对设备的管理与维护。

参照 ISA-SP95 标准中对维护运行管理活动的描述,设备维护运行管理包括维护准备(维护资源管理、维护定义管理)、维护中(维护调度、维护分派、维护执行管理)、维护后(维护跟踪、维护数据收集、统计分析)3 个部分,共 8 项基本活动。

(1) 维护资源管理:提供对设备、工具和人员等维护资源的管理。

(2) 维护定义管理:提供对设备资料的管理,用于指导对维护人员的维护活动。

(3) 维护调度:根据维护请求以及当前的生产计划、可用资源等制定维护计划,明确维护执行主体及执行时间等。

(4) 维护分派:发出维护通知单,把维护请求分派到维护人员。维护通知单的主要内容包括分配的维护人员、分配的优先级以及分配状态等。

(5) 维护执行管理:对维护请求进行响应,产生维护工作通知单。维护响应的主要内容包括响应日期和时间、响应人、处理结果以及响应描述等。

(6) 维护跟踪:反映维护活动,形成维护活动报告。

(7) 维护数据收集:收集设备维护请求时间、估计用时、实际用时、当前状态以及维护人员等。

(8) 统计分析:通过收集维护数据进行问题分析,制定措施并进行改进,还包括对维护成本和绩效的分析。

设备维护活动可以分为 4 种类型:基于设备故障响应的维护、基于时间或周期的循环维护、基于设备状态的预防性维护,以及资源运行绩效和效率的优化,即对生产设备进行优化以提高运行效率。

1.3.5　MES 典型应用场景

根据上述对 MES 生产管控活动的描述,我们提出一个图 1-8 所示的针对离散制造业的 MES 典型应用场景。

对图 1-8 的 MES 典型应用场景简述如下:MES 接收 ERP 下达的客户生产订单后,库存管理子系统根据订单产品的 BOM 信息查询库存缺料情况,进行物料准备。同时生产管理子系统对客户订单进行分解,生成工序作业排产计划,并将生产计划发送给相关部门的人员,包括生产调度员、仓库管理员、设备维护管理员等。物料部门根据生产计划将相关物料配送到物料待检区,质检人员对物料进行检验,若判断合格则物料被转至相应的工位。同时设备维护部门在收到生产计划信息后,开始安排相关的设备维护与检修工作,以保证生产线上的设备状态正常。

上述工作完成后,生产准备就绪。生产运行管理子系统将分解后的生产任务分派到相应的工位,各工位根据工艺规范进行相应工序的操作,在此过程中对生产

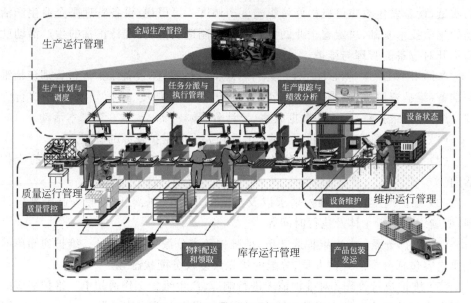

图 1-8　MES 典型应用场景示意图

过程进行跟踪监控,并通过质量管控确保产品合格。同时 MES 根据生产数据进行绩效分析,获取重要的 KPI 指标,据此对生产系统不断改进和优化。上述生产运行管控活动可通过一个全局生产管控平台进行指挥和协调。

通过 MES 典型应用场景的分析可知,MES 是一个以生产计划与执行跟踪为主线,以物料配套、质量管控、设施维护为 3 条辅线,基于统一平台,实现计划、执行、现场、物流、质量、设备、资源的全面集成与协同的管控系统,其目标是达到企业生产过程的全局运行优化。

MES 典型应用场景案例

1.4　MES 的应用与发展趋势

1.4.1　MES 的应用现状

MES 是继 ERP 之后企业信息化的又一个热门领域,它是适应产品个性化与敏捷化制造需求,满足生产过程精细化管理而产生和发展起来的信息系统。作为企业实现车间数字化与智能制造的核心支撑技术与重要组成部分,MES 在帮助企业实现车间生产过程的数字化、自动化、智能化等方面发挥着巨大作用。首先,MES 构造了一个基于现场设备实时监控与动态事件触发、以实时数据为支持的现场管控体系;其次,MES 构造了一套规范各种流程作业、对工艺流程进行一体化管理、对制造履历进行追踪的系统;再次,MES 形成了一个以计划为龙头、以实绩为反馈的实时闭环系统;最后,MES 与企业其他信息系统进行协作分工,构造协同制造体系,在该体系中 MES 起着承上启下与驱动引擎的作用。

历经数十年的发展，MES 在发达国家已实现产业化，其应用覆盖了离散与流程制造行业和众多领域，包括半导体、电子、机械、航空、汽车、医疗、食品、酿酒、石油、化工、冶金等，并给企业带来了巨大的经济效益。MES 的出现和普及对国外生产管理界也产生了深远的影响，在国外很多行业应用中，MES 已和 ERP 相提并论，成为目前世界工业自动化领域的重点研究内容之一。为了了解 MES 对企业的影响，MESA 曾于 1993 年、1996 年和 2004 年进行过 3 次企业应用调查，这些企业覆盖 7 大典型行业：医疗产品、塑料与化合物、金属制造、电气/电子、汽车、玻璃纤维、通信，其中，75% 为离散制造企业，16% 为批量/流程制造企业，9% 为混合型企业，它们应用 MES 的平均时间为 2.3 年。表 1-2 总结了上述调查结果。

表 1-2 企业 MES 应用调查结果（MESA）

获益项目	平均获益（获益范围）		
	调查1(1993年)	调查2(1996年)	调查3(2004年)
缩短产品制造周期	45%(2%～80%)	35%(10%～80%)	40%
减少或消除数据输入时间	75%(25%～100%)	36%(0～90%)	—
减少在制品数量	17%(25%～100%)	32%(0～100%)	25%
减少或消除作业转换中的文书工作	56%(5%～100%)	67%(0～100%)	—
缩短产品交付周期	32%(2%～60%)	22%(0～80%)	—
改进产品质量（减少次品）	15%(5%～25%)	22%(0～65%)	15%
消除损失的文书/蓝图	57%(10%～100%)	55%(0～100%)	—
机器设备有效工作时间	—	—	30%

在国家"信息化带动工业化，工业化促进信息化"战略思想指导下，工业化与信息化不断地进行深度融合。近年来，国内企业逐步认识到 MES 的价值，MES 已成为制造企业必不可少的工业软件，并成为制造业信息化与数字化制造领域的关键支撑技术之一。在政府相关政策与项目的支持下，国内开展了大量相关技术研发与工业应用，并取得了一大批成果，分别形成了针对我国离散与流程工业的若干 MES 解决方案与一批 MES 产品。随着企业信息化建设的不断深入，ERP 和 MES 之间的界限不断淡化，两者也在不断融合。MES 的应用实施帮助企业实现了统一管理、统一运维的智能化制造，并通过进一步完善车间的管理体系，为制造企业实现转型升级、增强核心竞争力提供了强有力的支持。

1.4.2 MES 与数字化车间

所谓数字化车间，是指采用数字化技术实现数字化制造的车间。数字化车间是对传统车间的数字化，包括制造装备数字化和生产过程数字化。MES 是实现车间生产过程数字化的重要技术手段和工具。生产过程数字化的主要内容包括：

（1）制造资源数字化，如设备运行状态和运行参数，刀具、量具、模具在库与在工位情况、装运车辆的定位、跟踪与调度,关键岗位人员的定位与呼叫,资源的能力与效率跟踪分析等。

(2) 现场运行数字化,如生产调度与任务分派,现场信息采集、分析与发布,现场环境情况(光、温、湿、尘、气),生产报工与各型号、各订单的完工情况,各工位、工序、部件的在制品跟踪等。

(3) 物料管控数字化,如物流通道及设备监控,叉车、自动导引车(automated guided vehicle,AGV)、堆垛机运行情况,配送执行状态跟踪及监控,仓库出入库、库存、缺料跟踪,线边物料的消耗与配送等。

(4) 质量管控数字化,如质量统计分析报表及异常报告、质检现场数据与质检设施数据、主机及关重件流转过程监控、质量报表数据与统计分析数据、现场质量事故位置与性质分析等。

(5) 与数字化硬件装备接口集成,包括多源异构数据采集、生产指令传递与反馈等。通过对数控设备、工业机器人和现场检测设备的集成,实时获取制造装备状态、生产过程进度以及质量参数控制的第一手信息,并传递给生产管控系统,实现车间制造过程透明化,为生产管控决策提供依据。

数字化车间可以简单理解为"数字化制造装备(躯体)+MES/MOM(灵魂)"。MES被称为数字化车间的使能器,是实现车间生产过程数字化的核心技术。MES就是数字化车间的生产过程管控系统,其实质是将生产过程管理数字化,以数字方式收集、传输和控制数据,以便在正确的时间和正确的位置为合适的人员提供信息。更进一步,MES也是实施数字化制造的基础。在制造业信息化进程中,车间级信息化是薄弱环节,发展MES系统技术是提升车间自动化水平的有效途径。MES协调车间级的过程集成、控制和监控,以及合理地配置和组织所有资源,满足车间的信息化需要,提高车间对随机事件的快速响应和处理能力,有力地促进企业信息化进程向车间层拓展。构建以MES为核心的车间制造管理系统,建立数字化车间,为实现数字化生产和智能制造奠定了坚实的基础。

近年来,随着数字孪生(digital twin,DT)技术的兴起,提出了数字孪生车间(digital twin workshop,DTW)的概念及DTW车间运行新模式。DTW是在新一代信息技术和制造技术驱动下,通过物理车间与虚拟车间的双向真实映射与实时交互,实现物理车间、虚拟车间、车间服务系统全要素、全流程、全业务数据的集成和融合,在车间孪生数据的驱动下,实现车间生产要素管理、生产活动计划、生产过程控制等在物理车间、虚拟车间、车间服务系统间迭代运行,从而在满足特定目标和约束的前提下,达到车间生产和管控最优的一种车间运行新模式。如何面向数字孪生车间,为数字孪生车间新模式的运行提供支撑是MES技术未来重要的发展方向之一。

1.4.3　MES的发展趋势

随着制造业生产模式的变革和制造环境的不断变化,MES的内涵也在不断扩展和丰富。未来的MES将提供更加智能、更强协同、更大范围和更加全面的生产管控能力,将从更加全局的角度实现企业"人、机、料、法、环、测、能"全要素资源优化配置、集成管控制造与服务过程。与此同时,随着IT和人工智能等新技术的发展,MES技术也在不断发展并与时俱进。近年来,很多新的IT与人工智能技术的引入极大地影响和推动着MES技术的发展与应用,比如信息物理系统(cyber-physical system,CPS)、物联网、数字孪生、工业云、边缘计算、数据建模与数据驱动、大数据与智能决策等。IT与人工智能等新技术的应用及其与MES的深度融合无疑将是新一代MES的发展方向。下面简述MES未来一些可预期的发展趋势。

1. MES新型体系结构的发展

未来的制造环境动态多变,要求MES系统能够根据制造环境的变化快速地进行系统配置、调整和维护,以满足变化的需求。体现在系统架构上,MES已由基于功能可重构的构件式架构逐步转向基于业务流程的可配置、可适应的工作流驱动架构,并将进一步发展为基于服务可扩展、可定制的面向服务的架构(service-oriented architecture,SOA)和去企业服务总线(enterprise service bus,ESB)、去中心化、分布式的微服务架构等。基于上述新型系统架构的MES具有开放式、客户化、可配置、可伸缩,以及易集成、可重用、易维护等特性,可针对企业业务流程的变更或重组进行系统重构和快速配置;同时先进的系统架构能给MES软件开发带来更大的灵活性,为系统开发提供更加轻量级、效率更高的设计模式。云原生(cloud native)作为一种基于云的软件架构思想正在兴起,MES作为现代大型工业软件,其系统架构及运行环境将朝着"微服务+云原生"的方向发展。

新一代MES体系结构将具有如下特征:支持更强大的MES可重构、可配置平台化功能;基于CPS技术、面向制造物联网;基于边缘计算的分布化实时控制能力;基于移动计算和云技术,面向云服务,支持云架构等。

2. 支持网络化协同制造与云化部署

协同制造是未来制造管理的新模式和发展趋势,因此未来的MES能够有效地支持分散网络化制造环境下的同步制造,实现制造过程的协同。具体表现在:①支持分布式的多车间、多工厂制造管理与协同;②能够实现与供应商、外协商、客户等合作伙伴在制造过程中的信息共享和交流;③能够实现供应链上合作伙伴之间的同步计划、生产控制,以及同步物资供应等,实现制造过程的协同等。随着分散化网络制造模式的发展,下一代MES的概念被提出,其显著特点是支持生产同步性,支持网络化协同制造。它对分布在不同地点甚至是全球范围内的工厂进行实时化信息互联,并以MES为引擎进行实时过程管理以协同企业所有的生产活动,建立过程化、敏捷化和级别化的管理,使企业生产经营达到同步化。

近年来,随着云计算技术的发展出现了所谓的"云MES",其基本架构是基于"MES管理+云平台储存+大数据运算"而来的。云MES是基于云计算的SaaS

（软件即服务）。区别于传统MES系统，云MES操作运行不需要独立的服务器，而是通过云端进行数据储存和运行，最后将计算完的数据在MES系统上呈现。加上云计算技术的MES如虎添翼，云MES具有运行速度和大空间储存的优势，以往只有大企业才能用上的MES系统将变得平民化，广大中小企业可通过租用的网络云平台对数据进行储存、分析、运算，从而省去了构建机房和后期维护的成本。此外，相比传统MES，云MES还具有功能集成范围大、性能高、安全可靠、实施效率高等优势。

3. MES朝MOM发展

以MES为核心，向制造业中各个系统之间的经营过程延伸的制造企业整体解决方案正在形成，MESA因而改名为制造企业解决方案协会。于2000年开始发布的ISA-SP95标准中，首次确立了MOM的概念，将生产运行、维护运行、质量运行和库存运行并列起来，极大地拓展了MES的传统定义。传统MES是以生产运行管理为核心，其他3个方面是对生产运行的辅助和支持，功能相对较弱。MOM系统是MES的进一步扩展，包含生产、维护、质量、库存4个并列管理领域且协同服务于企业制造运作全过程，是基于统一框架对制造企业整体运营的协同管理。从本质上看，MES是一种用于解决具体问题的标准软件产品，而MOM系统是一种由多种软件构成的制造管理集成平台。但MOM与MES之间并不是非此即彼的替代关系，而是一种包含关系，MOM是一种为了解决制造管理问题而定义的功能组合体系，是制造管理理念升级的产物，而MES则是包含在MOM之中的使能工具。MOM系统采用的生产、维护、质量、库存4个方面并重的设计架构，比使用强调生产执行的MES架构更符合当今数字化企业的制造运作方式和特点，是未来MES和生产管理系统的发展方向。

4. MES进一步朝标准化发展

MES的标准化进程是推动MES发展的强大推动力。ISA-SP95正在逐步成为国际标准，标准化仍然是未来MES的一个重要发展方向。MES的标准化包括：

（1）体系结构和功能的标准化。未来的MES将遵循开放的体系结构，具备模块化的标准功能，不同的用户可以根据实际需求进行系统配置和应用。

（2）技术的标准化。未来的MES将遵循开放的技术标准，如基于面向服务的架构、通用的传输协议、通用的数据描述语言XML、基于ISA-SP95的企业控制集成标准等，并能够适应和应用未来新的技术标准。

（3）行业解决方案的标准化。未来的MES能够根据离散制造各个行业的特点提供标准的行业解决方案。

（4）系统实施过程和方法的标准化。未来MES的实施根据不同的应用模式有可以参照的实施方法论，将极大地提高MES的实施成功率。

5. MES朝智能化发展

为了适应快速变化的市场环境，未来的MES系统将具有较强的智能性和自适

应能力,能够根据制造环境的变化进行智能预测、智能调度、智能诊断和智能决策,MES 的智能化主要表现在:

(1) 具有多源信息的融合及复杂信息的处理与快速决策能力,提供给管理层和决策层的数据将更加准确和可靠。

(2) 能够根据已有的知识积累和动态采集到的实时信息进行实时的智能调度和智能诊断。

(3) 具有更强的平滑生产扰动功能,使车间生产成为一个闭环、自组织的稳态系统。

(4) 知识管理的思想将渗透和融入未来的 MES 中,MES 不仅为制造管理提供了一个信息化的管理平台,同时还提供了一个制造知识管理平台。

(5) 能够通过智能的程序挖掘及智能的服务组合进行系统的主动重构,以适应制造环境和制造流程的改变。

可以预见,随着大数据与智能决策等人工智能技术的发展,未来的 MES 将具有更强的边缘计算与分散控制能力、更强的数据驱动智能决策能力,以及基于数字孪生车间实现的基于预测的生产能力,成为"数据驱动智能工厂"的重要组件,为智能制造提供强有力的支持。

第 2 章

MES系统架构与系统集成技术

本章首先介绍 MES 的 4 种通用系统架构,即基于改进 C/S 结构与组件技术的 MES 3 层系统架构、基于 B/S 结构的 MES 分布式系统架构、基于 SOA 的 MES 系统架构以及 MES 微服务架构等。在 MES 系统集成方面,首先分析了 MES 与相关信息系统的集成需求,然后重点介绍常见的信息集成方式与集成技术,以及流程工业 MES 中常用的数据集成平台技术。

2.1 MES 系统架构

所谓 MES 系统架构,是指 MES 系统的基础组织,包含各个构件、构件互相之间及与环境的关系,以及指导其设计和演化的原则。MES 系统架构主要指 MES 的软件架构或 IT 架构。MES 作为大型软件系统,其系统架构对于 MES 系统的设计开发、应用部署以及升级维护等均具有十分重要的影响。基于先进架构的 MES 系统具有开放式、客户化、可配置、可伸缩、易集成等特性,可支持针对企业业务流程的变更或重组进行系统重构和快速配置,以适应现代制造环境的变化。

2.1.1 基于改进 C/S 结构的 MES 3 层系统架构

MES 软件系统一般由 3 大部分组成,即用户界面部分、业务逻辑部分和数据储存部分。对于早期的专用 MES 系统,上述 3 大部分是紧密结合、密不可分的;对于集成化 MES 系统,为了保障系统各功能之间的数据集成性,可将数据集中到服务器上实现数据共享,形成了具有两层结构的服务器/客户机(client-server,C/S)架构;发展到可集成 MES 阶段,为了实现系统的可集成性与可重构性,分别将 3 大部分独立,并进一步与组件技术相结合,形成了如图 2-1 所示的基于改进 C/S 结构与组件技术的 MES 3 层系统架构。其中,表示层用于界面引导,接受用户输入,并向应用服务器发送服务请求,显示处理结果;业务逻辑层用于执行业务逻辑,向数据库发送请求;数据存储层用于执行数据逻辑,运行 SQL 或存储过程。

上述基于改进 C/S 结构与组件技术的 MES 3 层系统架构的最显著优点是实现了 MES 业务逻辑与表示层的分离,并可实现功能组件的重用,从而大大提高了

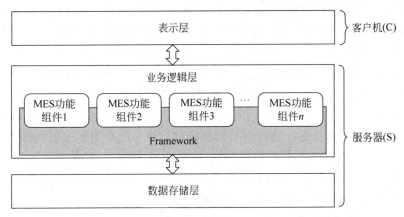

图 2-1 基于改进 C/S 结构与组件技术的 MES 3 层系统架构

MES 系统的开发效率。基于组件技术开发的 MES 具有良好的可配置性、可重用性、可扩展性和可集成性,可以较好地满足现代制造企业对 MES 的需求。但上述 C/S 架构也有其明显的局限性。首先,该系统架构下的 MES 组件是面向功能的,粒度较小,不能实现系统与制造业务的良好对应。其次,MES 系统客户端与服务器端的实现必须采用相同的构件体系,且组件须是同构技术,从而制约了系统自由扩充的实现。再次,基于该系统架构的 MES 系统往往只能部署在局域网中,无法跨网运行,限制了异地制造协同的实现。最后,基于该架构的 MES 系统虽然更新业务逻辑或数据变得容易,不需要在客户端机器上重新安装新版本的用户界面,但是客户端跟业务逻辑的关系仍较紧密,如果表示层软件发生变动,仍需要重新安装客户端。鉴于上述不足,出现了基于 B/S 结构的 MES 分布式系统架构。

2.1.2 基于 B/S 结构的 MES 分布式系统架构

浏览器/服务器(browser/server,B/S)是 Web 兴起后的一种网络结构模式,Web 浏览器是客户端最主要的应用软件。在某些制造业的生产车间,生产现场条件相对比较恶劣,如果采用 C/S 结构的 MES 系统,对系统硬件的配置要求较高,成本会大幅增加。因为相比 C/S 结构而言,采用 B/S 结构的 MES 不用像 C/S 结构的 MES 那样在安装和升级时,需要到每个客户端进行客户端配置,只需在服务器上进行一次安装升级即可。在客户端只需浏览器,无须额外的配置,对客户端计算机配置要求低,客户无须再投入资金购买配置高的计算机。这样使得软件的维护和升级较为方便,可实现系统的无缝升级,大大降低了系统的维护成本。此外,由于 B/S 结构操作性强,用户可以在任何一台装有浏览器的主机上使用系统,而不需要专门的客户端软件,克服了传统 C/S 结构安装和维护困难的问题。而且,B/S 结构实现了 C/S 结构不能实现的很多功能,如远程操作和分布式操作等。如此,用户可在外网访问到 MES 系统而不必局限于内网,从而大大提高了办公效率。

基于 B/S 结构的 MES 分布式系统架构如图 2-2 所示。该架构亦由 3 层组成：第一层是表示层，由基于 Web 浏览器的标准客户端和基于专用软件的专业客户端组成，用于实现用户请求与人机对话。第二层是应用逻辑层，由 Web 服务器采用 HTTP（超文本传输协议）来处理表示层发送过来的用户请求，由相应的功能组件来实现客户的具体应用要求。在应用逻辑层，MES 的功能组件以软构件的形式集成在系统框架（软总线）中，并通过应用服务器对外提供 MES 应用服务。第三层是数据库层，包括存储历史数据的关系数据库和存储实时数据的实时数据库。该层也可以是一个抽象的数据层，包括各种数据资源、数据库文件、XML 文件以及图标程序文件等。应用逻辑层在执行业务逻辑的过程中，向数据库层发送数据请求，由数据库层执行数据逻辑，运行 SQL 或存储过程。

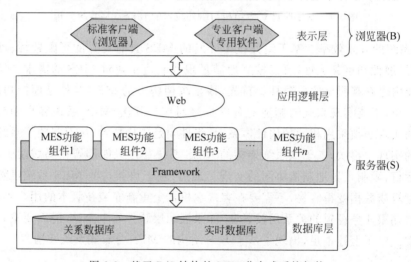

图 2-2 基于 B/S 结构的 MES 分布式系统架构

基于 B/S 结构的 MES 分布式系统架构的特点有：

（1）基于 Web 技术，采用 HTTP 与 HTML，使得表示层得以集中控制，并使用客户端显示数据、与用户互动，软件变更时只需在服务器上进行一次升级安装即可，而不需要重新安装整个客户端应用软件。

（2）允许更灵活地部署表示层、应用逻辑层与数据库层。允许将业务逻辑跨不同服务器分布，将表示层与应用逻辑层混合在一起，或将应用逻辑层与数据库层相结合。

（3）系统可扩展性好。

（4）系统硬件成本低。

（5）支持外网访问、远程操作和分布式操作。

B/S 结构存在通信开销较大、安全性差和响应速度慢等不足，但随着互联网技术的高速发展和服务器性能的显著提高，B/S 结构的性能和速度也有了很大改善，使得这种 MES 架构的应用也越来越广泛。

2.1.3 基于 SOA 的 MES 系统架构

SOA 是一种企业应用体系架构,该架构提供了一种软件系统设计方法和编程模型,使得部署在网络上的服务组件能够通过已经发布和可发现的接口被其他应用程序或服务发现和调用。如图 2-3 所示,SOA 中的服务需求者可以是一个应用程序、一个软件模块或需要服务的另一个服务。它发起对注册中心中服务的查询,通过传输绑定服务,并且执行服务功能。服务使用者根据接口契约来执行服务。服务提供者是一个可通过网络寻址的实体,它接受和执行来自使用者的请求,将自己的服务和接口契约发布到服务注册中心,以便服务使用者可以发现和访问该服务。服务注册中心则是服务发现的支持者,包括一个可用服务的存储库,并允许感兴趣的服务使用者发现和访问该服务。

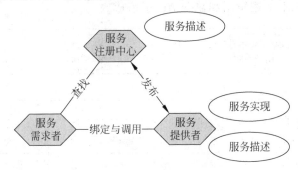

图 2-3 面向服务的系统架构

"服务"是 SOA 中的关键概念,成功实现 SOA 的关键是为可重用库中的每个服务确定正确的设计与功能,且确保可重用的软件服务与业务流程完全一致。SOA 是基于面向对象技术和组件技术之上的更高级别的抽象。基于 SOA 的系统将系统功能打包成一个可互操作的服务套件,这种服务套件可用于多个不同的系统或多个业务领域。服务之间具有松散耦合、粗粒度、位置和传输协议透明等特性。

ESB 是构建基于 SOA 解决方案时所使用基础架构的关键部分,它是由中间件技术实现并支持 SOA 的一组基础架构功能。简而言之,ESB 提供了连结企业内部及跨企业间新的和现有软件应用程序的功能,它以一组丰富的功能启用管理和监控应用程序之间的交互。在 SOA 分层模型中,ESB 用于组件层以及服务层之间,它能够通过多种通信协议连结并集成不同平台上的组件,将其映射成服务层的服务。

SOA 的实现可以基于 CORBA、Web Services 等技术,目前 Web Services 是实现 SOA 的重要手段,其信息可以被不同形式的客户端所使用。Web Services 是基于网络的、分布式的模块化组件,它执行特定的任务,遵守具体的技术规范,这些规范使得 Web Services 能与其他兼容的组件进行交互操作。Web Services 建立在开放标准和独立于平台的协议之上,通过 HTTP 使用 SOAP(简单对象使用协议),以便在服务提供者和消费者之间进行通信。服务通过 WSDL(Web 服务描述语言)定义的接口来公开,WSDL 的语义用 XML 来定义。UDDI(一种用于描述、发现、集成 Web Service 的技术)是一种与语言无关的协议,用于与注册中心进行交互和查找服务,通过 Web 服务的组合和编排可以实现企业的业务流程。

图 2-4 所示为基于 SOA 的 MES 系统架构。基于 SOA 的架构设计以服务为关注点,在传统的 MES 3 级分层架构模型基础上主要增加了服务层,通过服务化的封装把 MES 系统内部具体的业务逻辑进行屏蔽,仅以服务的形式暴露出用户可用的业务活动的集合,从而提高服务及服务内部业务逻辑的重用,通过对粗粒度、松散耦合的服务进行组合和部署就能构造出复杂的系统逻辑。结合 MES 系统功能模块的定义,将 MES 各功能模块封装成系统服务放置于系统应用逻辑层,每个服务均由服务层、业务逻辑层和数据访问层组成。

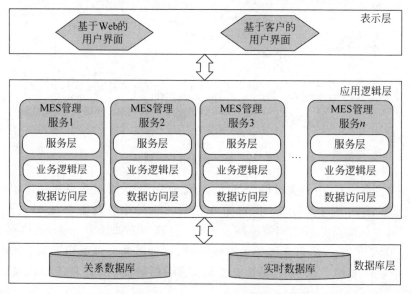

图 2-4 基于 SOA 的 MES 系统架构

综上所述,基于 SOA 的 MES 系统架构具有如下特点:

(1)服务化。在 SOA 架构下,服务是构建 MES 的基本单元,服务的请求、发布、查找、组合运作是 MES 系统的基本运作模式。车间所有制造资源、软硬件条件、制造知识都被封装成服务。车间生产运作或 MES 运行过程具体体现为制造服务的匹配、选择、组合、执行、监控和重构。

(2)集成化。基于语义 Web 服务,采用基于语义网关的系统集成框架,消除系统之间集成对象在语法结构和语义层面的异构性,实现系统的无缝集成。

(3)功能扩展。MES 系统的应用范围从单一车间扩展为网络环境下多车间制造过程的协同运作管理。(支持网络化协同制造)

（4）开放性。MES系统的构建基于面向服务技术，服务之间的松散耦合性使系统具有良好的可扩展性，各类制造服务和功能能够方便地按需加入MES系统。

基于SOA的MES系统的物理架构如图2-5所示，它描述了系统中软件和硬件的物理架构。

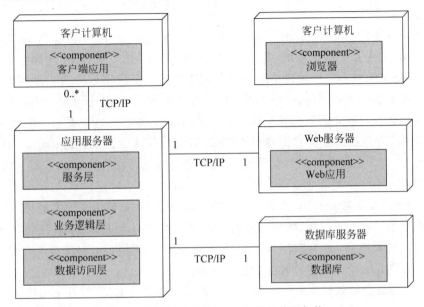

图2-5　基于SOA的MES系统的物理架构

（1）客户计算机：部署客户端应用程序，提供用户访问系统服务的界面接口，用户通过预装浏览器访问远程服务器上的Web应用，或者使用智能客户端应用程序与远程应用服务器进行交互。

（2）Web服务器：用于部署Web应用或Web Services。Web服务器是可以向发出服务请求的浏览器提供文档的程序。当Web浏览器（客户端）连到服务器上并请求文件时，服务器将处理该请求并将文件反馈到该浏览器上，附带的信息会告诉浏览器如何查看该文件（即文件类型）。服务器使用HTTP与客户机浏览器进行信息交流。

（3）应用服务器：系统的服务层、业务逻辑层和数据访问层都部署在该节点服务器之上，用于处理核心业务逻辑。

（4）数据库服务器：使用独立的数据服务器部署数据库应用，为系统提供数据的存储功能，保存系统中产生的数据信息。

2.1.4　MES微服务架构

传统的服务应用的开发方式是将整个服务应用的数据库、接口、页面等进行分层设计、统一开发，然后逐层实现。在这些模块或接口中，只要有一个没有完成开发,那么整个应用系统将无法正常运行。SOA提出在对软件进行架构设计时,把整个应用服务根据业务细化成多个独立的小服务,即低耦合及面向服务流程的思想。但是在SOA的架构中,企业服务总线(ESB)仍处于非常重要的位置,致使整个系统的SOA架构很难实现完全的面向服务以及完全的组件化,SOA的应用存在一定的局限性。

微服务架构(micro-service architecture,MSA)是在2012年被提出的,其思想本质上和SOA是一脉相承的,是SOA的变体,只是MSA把SOA的理念进行了升华。MSA的核心思想是在系统设计开发阶段将单个应用划分为一系列微小服务来实现系统的所有功能。MSA是一种云原生架构方法,其中单个应用程序由许多松散耦合且可独立部署的较小组件或服务组成,这些服务通常有自己的堆栈,包括:数据库和数据模型。它们通过REST API、事件流和消息代理的组合相互通信。此外,它们是按业务能力组织的,分隔服务的线通常称为边界上下文。相比于SOA,MSA有如下特点:

(1) MSA强调去ESB、去中心化、分布式,所以MSA能带来更大的灵活性,为开发系统提供更加轻量级、效率更高的设计模式。SOA还是以ESB为核心,MSA则使用轻量级协议,如HTTP、REST等。在数据存储层面,SOA是共享数据存储,MSA则是每个微服务有独立的数据存储。

(2) 从划分服务粒度来看,MSA侧重于服务划分的细粒度、可重用性,每种方法都可以成为一个独立的微服务,每个微服务负责明确的任务,并且将处理任务的结果以轻量级API的形式返回外部。相比之下,SOA对服务的划分没有这么细致,主要是根据MES的业务功能来划分服务,以减少服务数量,简化服务调用以及服务管理。

(3) 在软件开发模式上,SOA注重共同治理和标准,MSA则更注重团队协作和自由选择,团队可以为不同的组件使用不同的堆栈,可以更轻松地更新代码。SOA的目标是最大化应用程序服务的可重用性,重点关注业务功能重用,当系统改变时需要修改程序;MSA则专注于解耦,更关注边界上下文,系统的改变是创建一个新的服务。MSA的组件可以彼此独立地进行缩放,从而减少了因必须缩放整个应用程序而产生的成本。

(4) 从部署方式上看,MSA应用Docker技术,不依赖于任何服务器和数据模型,是一个可自动化部署的全栈应用,每个微服务都运行在自己的进程里。而SOA则通过不同层进行打包,比如展现层打包为war包、业务层打包为jar包等。

MES微服务架构如图2-6所示,主要由表示层、微服务管理层、微服务层和数据库层组成。

(1) 微服务层:主要提供MES业务功能所需要的所有独立的微服务,包括制造过程管理微服务(即MES各类业务微服务)、用户管理微服务、日志管理微服务等。每个微服务可以有自己的数据库或者多个微服务共用一个数据库。每个微服

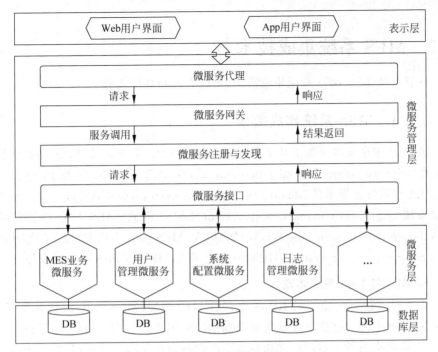

图 2-6 MES 微服务架构

务需要对外提供轻量级 API 接口。

（2）微服务管理层：完成对微服务的管理以及处理逻辑，包括微服务代理、微服务网关、微服务注册与发现、微服务接口等。当微服务启动时，会自动将其信息注册到服务注册表中，比如每个服务的 IP 和端口。当微服务客户端表示层发出请求时，将请求发送到微服务网关中，微服务网关读取请求数据，并从服务注册表中获取对应服务的信息（IP 与端口）。最后微服务网关主动调用下面对应的微服务。

（3）表示层：主要是通过微服务管理层中相应的 MES 业务模块服务代理向微服务端发送请求，经过微服务管理层内部处理后再将请求传递给相应模块服务的服务接口进行 MES 服务端处理，完成后将相应的信息按照相反的顺序依次传递给 MES 客户端，这种传递一般是通过调用 API 来实现的。

相比于传统的单体架构，基于微服务架构的 MES 实现了功能服务化，在系统设计开发、应用与维护等方面具有明显的优势，其设计开发模式是对现有复杂大型单体应用架构以业务为单元进行拆分，每个拆分的微服务应用都可以单独部署和测试，可以采用单独的技术架构、独立的数据存储、独立的开发运营团队支撑，快速以微服务应用为单位进行弹性扩展，通过降低各个业务单元之间的耦合关系来简化开发过程，降低开发成本。此外，MES 微服务架构支持工业云商业新模式，并提供广泛的移动化支持。

2.2 MES 系统集成技术

本节主要介绍 MES 系统集成需求、集成方式和数据集成平台等内容。

2.2.1 MES 系统集成需求

MES 系统集成涉及如下几个方面：MES 与 ERP 系统集成、MES 与高级计划与排程(advanced planning and scheduling, APS)系统集成、MES 与 PLM 系统集成、MES 与质量管理系统(quality management system, QMS)集成、MES 与设备管理系统(equipment management system, EMS)集成、MES 与仓储管理系统(warehouse management system, WMS)集成、MES 与人力资源管理系统(human resource management system, HRMS)系统集成、MES 与 PCS 系统集成等。

1. MES 与 ERP 系统集成

从生产计划的角度看，ERP 在生产计划的前端，MES 在生产计划的后端。ERP 的生产计划一般是以订单为对象制定的无限产能计划。MES 则是以执行为导向，考虑约束条件生成以生产物料和生产设备为对象的生产排程，即基于时间的有限产能计划。MES 需要得到 ERP 生成的"粗"计划作为其计划的源头和基础。车间任务开工前，MES 需要根据现场任务的进度安排到 ERP 系统中领料；车间任务完成后，MES 需要将完工信息反馈给 ERP 进行入库登记，ERP 自动关联到相应订单并进行完工处理，从而实现计划的闭环控制管理。

车间工作订单信息、物料编码基本信息、产品 BOM 信息、配套加工领料单信息、物资库存及质量信息、配套单据及配套结果等基础信息存储在 ERP 中。车间领料信息、在制品信息、车间完工反馈信息等在生产车间的信息存储在 MES 中。

ERP 系统与 MES 集成主要包括如下功能：

(1) ERP 系统向 MES 提供车间生产任务数据，作为 MES 排程计划的依据。

(2) MES 向 ERP 系统提供领料需求及领料请求，以实现系统自动领料。

(3) ERP 系统向 MES 提供零件领料的详细信息，使车间及时了解生产准备情况。

(4) MES 向 ERP 系统提交完工信息、半成品/成品入库信息，以实现自动入库。

(5) ERP 系统接收 MES 提供的零部件完工信息后自动反馈到生产计划，使生产管理人员及时掌握车间任务进度。

2. MES 与 APS 系统集成

APS 通常被用来制定车间作业计划，是一套基于优化生产原理的生产排程软件。对于高级计划与排程功能，最重要的是基础数据的准确及业务管理需求的明确。

APS 系统需要的基础数据如下：

（1）物料信息，包括生产提前期、采购提前期、最大/最小库存量、现存量、可用量、在途量、安全库存量、经济批量等。

（2）BOM，包括 BOM 版本、材料消耗定额、替代件等。

（3）工艺信息，包括工艺路线、替代工序、工序优先级、工序制约关系、工序加工、准备时间、转移时间等。

（4）工作中心信息，包括设备能力、设备效率、替代设备、瓶颈设备等。

输入 APS 的信息包括：

（1）生产任务，即 MES 向 APS 系统提供车间的生产任务信息。

（2）加工工艺，由 MES 或者其他系统向 APS 系统提供工艺规程上要求的内容，至少包括加工工序、各工序所需要的工装工具及其他物料、各工艺的加工工时和所需工种、所需加工设备组（工作中心），以及图样、加工说明等辅助性内容。

（3）库存数据，即由 MES 或者其他系统向 APS 系统提供制定计划时的物资库存、可用工装工具、刀具库存、近期计划可用入库等信息。

（4）设备信息，即由 MES 或者设备管理系统向 APS 系统提供可用设备能力、时间模型，设备所属设备组（工作中心）等内容。

（5）工人信息，即由 MES 或者人力资源管理系统向 APS 系统提供各工人加工技能、时间模型及所属班组等信息。

APS 系统向 MES 输出的信息包括：

（1）排程仿真及结果对比分析。APS 系统引擎内置大量的排程策略，采用不同的排程策略将得到不同的排程结果。因此，要将得到的不同排程结果进行对比分析，方可得到需要的结果。

（2）排程结果。准备下达给车间的排程方案可细化到某时某工人在某设备上加工某工序，同时需要配备何种工装工具及刀具，准备哪些物资辅料。比较完备的排程结果还包括该工序的详细制造指令。

3. MES 与 PLM 系统集成

PLM 是管理产品数据和产品研发过程的工具，PLM 系统保存了结构化工艺文件数据。PLM 系统和 MES 的集成，需要保障 MES 能够按照产品 BOM 结构和总生产任务的要求展开工艺级别的生产计划进行排产和调度，集成的主要工艺数据包括工艺过程信息（包括各工序）、BOM 结构、配料清单等。

PLM 系统向 MES 提供的信息包括产品的加工图样、产品的工艺信息、每道工序的作业指导文件等。MES 收集生产现场各类数据，为后期产品的生产工艺、产品装配指导等进行优化，并反馈至设计部门，进行改型和设计变更。

4. MES 与 QMS（或 ERP 质量管理模块）集成

MES 虽然包括部分质量管理功能，但与 QMS 的侧重点有所不同。QMS 是为生产提供质量标准,并进行质量标准及相关内容的管理,其精度是针对产品及车间关键点的检查。MES 主要是对车间生产的每个工位、工序进行质量跟踪,其精度是针对每个工位、工序的,实时性要求更高。

QMS 向 MES 提供质量标准信息,以实时呈现工位、工序的质量检验结果及合格状况。MES 向 QMS 提供关键点的质量检测结果。

5. MES 与 EMS 集成

MES 包括部分设备管理功能,但 EMS 的功能更全面。EMS 存储设备的基础信息和各类计划信息。设备基础信息主要包括设备台账信息、设备操作、日检、保养、维修规程信息,设备技术精度信息等;计划信息主要包括各类保养计划、维修计划、润滑计划等。

MES 向 EMS 提供的信息主要有作业实施信息、生产调度信息、设备状态信息和设备运行信息。通过对这些信息的统计分析,可以获取设备管理的决策信息,如设备故障频率、设备能力数据等。

6. MES 与 WMS 集成

WMS 向 MES 传递物料供应商信息、仓库流转信息以及准确精细的仓库库存信息,用以指导 MES 的生产计划及其执行;MES 向 WMS 传递生产计划和作业调度,并向 WMS 及时反馈物料耗用及成品下线状况,以指导仓储物流按需配送及成品库存自动统计。

7. MES 与人力资源管理系统集成

人力资源管理系统向 MES 提供人员的基本信息、岗位信息、技能信息和技能等级信息等。MES 反馈给人力资源管理系统的信息主要是产线人员的精细化考勤数据和排班数据,以便清晰地了解产线人员的工作状况和技能状况,并向统计分析企业的人员绩效提供基础信息。

8. MES 与 PCS 集成

MES 向 PCS 提供执行指令,PCS 向 MES 反馈执行结果及 MES 需要实时采集的工艺参数、设备性能参数等。

PCS 或 SCADA 系统将设备编号、设备状态、设备运行参数、任务单号、产成品数、生产过程信息等反馈给 MES。

2.2.2 MES 系统集成方式

MES 系统的集成方式主要有 API 函数调用、基于中间件技术以及基于 XML 的信息集成等,这些集成方式主要适用于 MES 与其他软件系统的集成。

1. 封装调用集成模式

封装就是指对象的属性和操作方法同时封装在定义对象中。用操作集来描述可见的模块外部接口,从而保证了对象的界面独立于对象的内部表达,接口作用于对象的操作集上是对象唯一可见的部分。用户看不到对象的内部结构,但可以通过调用的方式来使用对象。封装以后通过接口调用就可以有效实现系统的集成。比较典型的调用方法是基于 API 的函数调用方法,如 JDBC(Java 数据库连接)/ODBC(开放数据库互连)API 等。

API 目前在系统集成中使用非常普遍,而且许多软件本身具有 API 接口。两个应用系统中的数据通过设在其间的应用适配器接口进行传输,从而实现集成。该方法适合异构系统之间的信息集成。图 2-7 所示为基于 API 的 MES 系统集成模型,它通过 API 接口、数据传输与通信实现了 MES 信息集成。

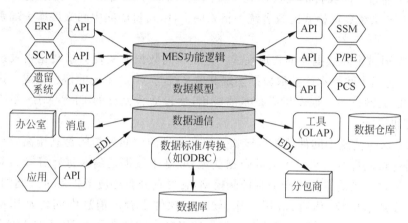

API—应用程序接口；EDI—电子数据交换；OLAP—在线分析处理

图 2-7 基于 API 的 MES 系统集成模型

2. 直接集成模式

直接集成模式就是两个系统直接对各自的数据库进行操作,并交换数据。要实现这种集成模式,一般是将 MES 系统的数据存放在其他系统的数据库中,实现两个系统的数据库真正共享。这种方法对于开发一套整体的企业信息系统是最好的,因为这种集成的紧密度比较高,但这种方法并不适合在几个成熟的商业软件之间进行系统集成,而现今大多数企业是直接采用商业软件的,这也是此方法的局限性。

3. 数据复制

数据复制应用在同构的数据库中,以保持数据在不同数据模型中的一致性。数据复制中,需要建立不同数据模型中数据转化和传输的机制及关系,以屏蔽不同数据模型间的差异。在此基础上,将数据从源数据库中抽取和导入目标数据库中,采用数据复制方式实现系统的集成。

4. 数据聚合

数据聚合是一种将多个数据库和数据库模型聚合为一种统一的数据库视图的

方法，聚合的过程可以看成是构建一个虚拟数据库，而此虚拟数据库又包含了多个实际存在的数据库。这个构建的过程对于处于数据库以外的应用层的各具体用户来说是完全透明的，用户可以用访问数据库的通用方法访问企业中任何相连的数据库。但是对于企业中存在的多种异构数据源而言，有时难以构建一个良好的通用接口来访问所需的数据。

5. 中间件集成模式

中间件集成模式主要通过中间文件、中间数据库、XML 数据流以及消息中间件等来实现各种系统与 MES 系统的集成。

(1) 通过中间文件的集成模式。可以把 MES 系统需求的其他系统文档做成适合 MES 系统数据格式的或者统一格式的文件，通过访问中间文件库实现系统的集成。

(2) 通过中间数据库的集成模式。建立中间数据库实现共享数据格式统一定义，通过访问中间数据库抽取数据实现其他系统与 MES 系统的信息集成。这种集成模式的关键是多数据库集成技术的应用，比较适合完整的 ERP/MES 系统的自行开发和实施。

(3) 通过消息中间件的集成模式。面向消息的中间件指的是利用高效可靠的消息传递机制进行与平台无关的数据交流，并基于数据通信来进行分布式系统的集成。通过提供消息传递和消息排队模型，它可在分布环境下扩展进程间的通信，并支持多通信协议、语言、应用程序、硬件和软件平台。消息中间件常用协议有 AMQP、MQTT、STOMP、XMPP 等。常见的消息中间件产品有 IBM 的 MQSeries、阿里旗下的 RocketMQ 等。消息中间件适用于任何需要进行网络通信的系统，负责建立网络通信通道，进行数据或文件发送。消息中间件的一个重要作用是可以实现跨平台操作，为不同操作系统上的应用软件集成提供服务。

图 2-8 所示为美国政府资助的 NIIIP-SMART 联盟提出的基于对象请求代理（object request broker，ORB）的 MES 系统集成参考模型。ORB 是一个中间件，在对象间建立客户-服务器的关系。通过 ORB，一位客户可以很简单地使用服务器对象的方法而不论服务器是在同一机器上还是通过网络访问。ORB 解释该调用然后负责找到一个对象实现这个请求，并传递参数和方法，最后返回结果。客户不用知道对象在哪里，是用什么语言实现的，其操作系统是什么，以及其他和对象接口无关的东西。

6. 基于 XML 的信息集成方式

可扩展标记语言（extensible markup language，XML）是一种用于标记电子文件使其具有结构性的标记语言。XML 的关键特点是作为不同应用数据交换的通用格式。在 XML 技术出现之前，为了将某一数据源的数据转换到各个不同的目标数据源中去，只能在每个应用系统中都实现一次数据分析处理。数据解析只是在两个点到点的系统之间产生作用，而无法用于其他系统中。XML 作为一种对数

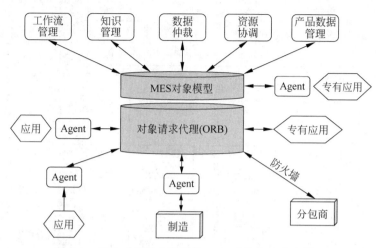

图 2-8　基于对象请求代理的 MES 系统集成参考模型

据格式进行描述的通用元语言标准,目前来看是跨平台数据集成的最佳解决方案。XML 在 MES 系统集成实践中得到了广泛应用,例如在 MES 与 ERP 等系统的集成中,采用 XML 能够使不同数据库的数据通过 XML 数据流进行集成。

　　基于 XML 的 Web Services 技术为基于 Web 的 MES 系统集成提供了理想的解决方案。简单地讲,Web Service 就是一个应用程序,它向外界暴露出一个能够通过 Web 进行调用的 API,而 XML 正是 Web Services 平台中表示数据的基本格式。图 2-9 所示为基于 Web Services 的 MES 系统集成架构。ERP、计算机辅助工艺规划(computer aided process planning,CAPP)和分布式数控(distributed numerical control,DNC)等系统各有不同的数据存储和表现格式。由于不同的系统使用层次及涉及的数据不同,其软件结构也有很大的不同,而且可能是异构系统。该架构采用基于 Web Services 的与平台无关的技术来实现 MES 与上述各应用系统的集成。Web Services 是完全与平台无关的,它定义应用程序在 Web 上的互相通信,而与各应用程序的底层实现无关,从而屏蔽了不同系统的底层实现细节。不同的系统对外提供统一的调用接口,MES 与各系统集成的底层接口分别封装成 Web Services。例如,MES 系统可以通过 Web 调用封装了 DNC 接口的 Web Services。反之,DNC 也可以调用 MES 的 Web Services,两者通过 Web 互相调用,关系是对等的。MES 系统和 DNC 系统互为 Web Services 的客户端和服务器端,客户端和服务器之间用 SOAP 协议通信。在客户端,两个系统之间采用 XML 格式进行信息交换,通过数据交换封装接口将各自的内部数据格式转换成 XML 数据格式发送请求,收到 XML 格式的数据之后同样通过数据交换封装接口把收到的 XML 数据解析为各自的内部格式。同样,MES 系统可以与其他系统在 Web Services 平台上实现集成。

　　除 XML 外,JSON(JavaScript Object Notation)作为一种轻量级的数据交换

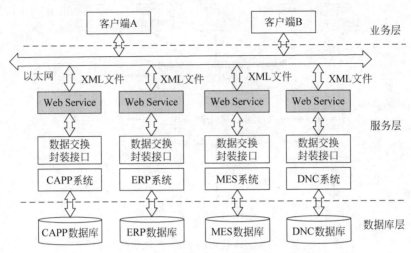

图 2-9 基于 Web Services 的 MES 系统集成架构

格式,由于它采用完全独立于编程语言的文本格式来存储和表示数据,且具有简洁和清晰的层次结构,使其亦成为一种理想的数据交换语言。相比于 XML,JSON 不仅易于阅读和编写,同时更易于机器解析和生成,并能够更有效地提升网络传输效率,因此已成为另一种主流的数据格式与信息集成方式。

目前,ESB 及面向服务的体系结构已经逐渐成为 IT 集成的主流技术。ESB 将传统中间件技术与 XML、Web 服务等技术相结合,为网络提供最基本的连结中枢,实现了复杂 IT 系统环境的应用集成。国内外对 ESB 的研究都比较活跃,IBM 的 ISV、开源的 Mule、Sun 领导的 JBI 规范等,都是 ESB 的具体实现。

2.2.3 数据集成平台

MES 系统作为制造车间集成化生产管理的最佳解决方案,为生产管理信息化的实现提供了统一的、平台化的数据集成(data integration,DI)平台,同时 MES 数据集成平台也为 MES 系统集成化的高效车间生产管理提供了强大的支撑,特别是对于流程工业的 MES/PCS 数据集成,提供了最佳的解决办法。

1. MES 数据集成平台的产生

MES 的关键是实现整个生产过程的优化,它需要收集生产过程中的大量实时数据,并对实时事件进行及时处理。由于这些数据产生于各种底层设备,如生产设备、检测设备、物流设备等,直接导致了数据来源的多样性及复杂性,如 PLC、DCS、RFID、PDA 等的数据源。这些数据源可能具有不同的数据协议格式,如果不给数据分类并统一数据格式,MES 系统直接与 PCS 层进行信息交互就会使得 MES 对 PCS 层支撑环境的依赖性强,造成应用系统与集成环境缺乏良好的开放性和可移植性,同时也很难解决异构信息和异构环境的集成问题,进而影响 MES 系统的整体运行效率,为此产生了基于数据平台的 MES 数据集成技术。MES 数据集成平台提供了统一的数据访问接口和数据存储格式,为上述问题的解决提供了最佳方法。

2. MES 数据集成平台的结构与功能

MES 数据集成平台通过采用 RTDB 实时数据库,使得 MES 系统能够实现对生产现场数据的实时采集、整理、分析、报警生成、事件记录、时间同步、历史归档、管理与维护,实现覆盖全工厂的集成化生产管理。同时,MES 数据集成平台也是 MES 系统的日常生产管理运行平台,为生产控制提供准确及时的指导,也为企业上层信息管理系统提供各种实时、历史数据服务。MES 数据集成平台的总体结构如图 2-10 所示。

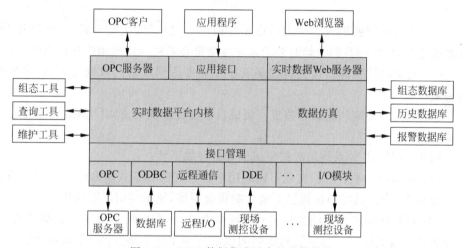

图 2-10　MES 数据集成平台的总体结构

MES 数据集成平台的主要功能如下:

(1) 数据通信功能。MES 数据集成平台集成了 OPC、DDE、ODBC 等数据集成接口,使 MES 系统能够轻松地将底层自动化工业控制系统、监控软件、应用程序和各种数据库中的生产数据集成到 MES 数据集成平台上,同时也能将上层生产指令快速及时地下达至底层。

(2) 数据录入与输出。MES 系统可以对进出 MES 数据集成平台的各种数据、信息、指令进行处理,包括数据统计、数据格式转换、量程转换、报警设定、历史数据归档等功能。

(3) 网络监控与重连。为了保证数据的正常传输,MES 数据集成平台通过 RTDB 实时数据库,实现对生产信息网络和控制网络的实时监控与自动重连。当车间信息化网络出现故障时,MES 数据集成平台能够及时提示或报警;当网络恢复时,其又能够检测到并自动重连。

(4) 在线数据维护与查询。为保证数据的连续性,MES 数据集成平台提供在线维护功能,并能根据用户的不同要求提供数据查询与组态功能。

(5) 数据安全保证。由于 MES 系统处在连接上、下层的信息枢纽位置，MES 数据集成平台需要与上、下控制系统及互联网相连，且 MES 系统中的信息关系到企业的生产信息，必须保证数据传输的安全性，因此，MES 数据集成平台设立了安全机制，绝对防止未经授权的操作，以保证整个信息系统的安全。

MES 数据集成平台为 MES 系统的生产信息化管理提供了一个统一的集成化平台，也为制造业智能工厂架设提供了支撑平台。

3. MES 数据集成平台的特点

在 MES 中，PCS 层采集的生产数据具有如下特征：

（1）海量的数据采集。这类数据集成无论是采集范围还是数据规模都是海量的。

（2）实时的数据集成。这类数据集成面向实时计算、实时分析、实时应用，而且数据是有时效性的，因为延时的记录和存储将会导致应用的错误甚至失败。

（3）复杂的数据源。这类数据集成往往要考虑到复杂的数据源类型、异构的网络接口等因素。

（4）面向多种应用的数据集成。集成目标往往要面对 ERP、MES 甚至是控制系统的应用。

因此，支持 MES 系统的数据集成平台具有如下特点：

（1）通过数据平台可以实现不同应用系统之间的数据共享和应用集成。数据平台为 MES 中的其他模块提供了统一的集成环境，便于应用开发与集成。

（2）数据库能及时接纳大量实时现场数据，能够有效地集成异构控制系统，提供分布式的数据服务。高性能的数据归档系统用来有效地采集、存储和检索任何基于时间的生产相关信息。

（3）提供数据的透明性。基于平台的数据集成能够大大简化开发工作，MES 开发人员可以直接面向数据集成平台进行开发，而不必考虑下层数据的结构或通信模式，这些工作全部由数据集成平台负责完成。

（4）通过统一的 OPC 接口实现双向数据传输及可靠连接。OPC 接口是目前工业控制软件中广泛采用的一项技术，凭借其开放性、可靠性已经成为一种国际标准而得到广泛应用，各自动化厂商的产品可以通过 OPC 接口实现无缝连接。

第 3 章

MES生产建模与可重构平台技术

生产建模是 MES 运行管控的基础,也是实现 MES 平台化、可配置、可重构的核心关键技术。本章首先概述 MES 生产模型与平台运行机制,然后重点介绍基于事件驱动的 MES 生产过程建模技术。在 MES 可重构平台技术方面,首先分析 MES 重构要素,然后介绍几种可重构 MES 体系结构,最后介绍 MES 配置平台技术以及基于配置平台的可重构 MES 应用系统解决方案。在本章末尾可通过二维码扫描链接一个 MES 可重构平台案例。

3.1 MES生产模型与平台运行机制

数字化生产模型是支撑 MES 运行与可视化生产管控的基础,MES 主要业务功能的实现都是基于 MES 生产模型的驱动。MES 生产模型正确与否,直接影响执行层功能的实现。基于生产模型,MES 从工厂生产设备等资源中收集信息,建成一个随时随地可以访问的"虚拟工厂",并根据一些关键性的指标,实现对每个生产工序的跟踪、生产绩效的实时评估和监测。

MES 生产模型包括工厂模型、产品模型、事件模型和执行模型,其中事件模型和执行模型统称为过程模型。产品模型用于定义产品材料、规范配方和工艺过程。对离散装配制造而言,产品建模主要是构建装配 BOM。装配 BOM 包含产品的零部件组成结构和工序信息,为物料配送及在制品跟踪提供基础信息。产品模型中的装配 BOM 反映出产品在某一工序的装配信息、料位料架及特殊零部件厂家信息等,并描述装配零部件与料位料架的对应关系。工厂建模完成工厂、生产线的设备和相应的组织模式定义,建立 MES 物理工厂模型。工厂模型定义完成后可在模型的基础上定义生产过程中的生产事件。生产事件是控制生产活动的基础单元,通过生产事件模型的建立,可以描述 MES 系统控制生产活动的过程。生产执行模型定义生产运作规则,以此控制生产过程的物料流和信息流。MES 生产建模可参照 ISA-SP95 标准中的相关规范。MES 生产模型之间的关系如图 3-1 所示。

在 MES 生产模型设计中,一般采用面向对象的分析与设计方法(object-oriented analysis and design,OOA & D)对工厂模型、产品模型、过程模型进行建模,其建模过程主要是对工厂的资源、企业生产活动及车间业务进行抽象和分类,

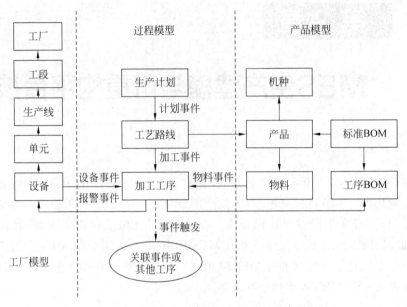

图 3-1 MES 生产模型之间的关系示意图

将其描述为一系列具有一定特性的基本语义元对象,并最终将相关模型抽象为由若干语义元对象组成的复合对象。在上述生产建模技术基础上,开发出可视化建模工具,最终将工厂资源建模为工厂模型,将生产活动建模为事件模型,将制造业务建模为执行模型。

MES 生产建模完成后,生产过程的控制由各种事件触发来完成相应的后台业务处理模块,最终完成生产制造流程。以装配制造为例,基于生产模型驱动的 MES 平台运行机制如图 3-2 所示,其处理流程为:①建立企业的产品模型、工厂模型、事件模型和执行模型;②MES 接收装配计划,下达装配生产指令;③触发相应的生产开始事件,系统控制交给后台处理;④MES 执行相应的业务处理程序,完成事件发生后的业务功能;⑤MES 平台继续监测生产事件的发生;⑥循环重复③~⑤的过程。

事件模型是对生产过程中生产活动的一种抽象描述。生产事件可以有多种表现形式,如将物料配送到现场料架时产生的物料配送事件;也可以表示抽象的实体,如生产过程中的计划更改会产生计划变更事件;还可以基于事件对产品的生产过程进行跟踪。实际生产中事件的发生一般以某一个或一系列数据标签的变化为触发条件。执行模型以事件模型为基础,是对事件响应业务逻辑的封装。当系统侦测到事件发生后,系统服务会调用执行模型,对产生的事件进行处理。事件模型配置在生产单元中,可根据实际需要配置不同的事件,例如计划变更事件、报警事件、停机事件等,并将事件同触发标签相关联。执行模型主要是针对在生产单元中配置好的事件编写业务流程处理脚本,并与事件模型相关联。

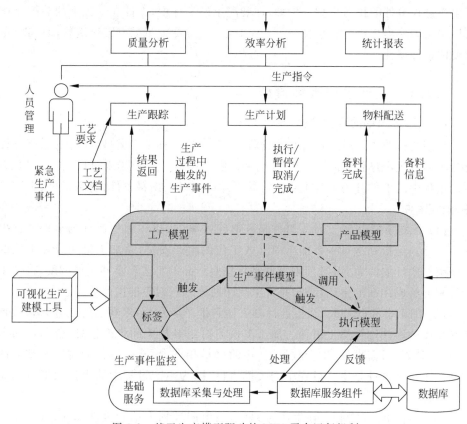

图 3-2　基于生产模型驱动的 MES 平台运行机制

3.2　基于事件驱动的 MES 生产过程建模

　　MES 生产过程建模就是用一种描述方式为一个特定的生产过程构造系统蓝图。生产过程模型是对生产过程系统化、结构化的描述,需采用结构化的建模方法,能够反映出生产流程以及各个流程之间的关系。该模型不仅能够根据用户生产管控的需要反映生产过程各个部分的细节,还能够展示各个部分之间的联系。生产过程模型本质上是反映工艺流程的模型,生产过程建模的目的一方面可以对系统调度策略进行仿真、验证和优化,另一方面是为了实现生产过程的可视化,进而对生产过程进行管理和控制。

　　事件是生产过程中生产活动的一种抽象,是描述生产过程的最基本元素。生产系统的动态过程是基于事件驱动的,生产过程中事件的发生一般以某一个或一系列数据标签的变化为触发条件。因为实际生产过程中的很多事件都与时间有关(只与时间有关的事件则称为必然事件),因此时间也是触发条件之一。生产过程事件之间存在一定的触发规则,事件和触发规则的集合就组成了生产过程模型,亦即生产过程事件的执行模型。例如,在装配生产事件中,工件在工位上的装配操作可以定义为一类生产过程事件;在流程工业中,需要按照配方定时送料,时间就是重要的事件属性。

3.2.1 生产过程事件模型

1. 生产过程中的事件分类

在制造行业中,一般有离散型、流程型、混合型3种生产类型,相应的生产过程可分为离散生产过程、连续生产过程、混合生产过程。归纳起来,可以将上述3类生产过程中的事件分为6大类:计划事件、加工事件、物料事件、设备事件、工艺事件、报警事件。

(1) 计划事件(EP)。计划事件是外部输入事件,指详细生产计划事件。这里的生产计划是指到达每一个加工单元或工位的生产安排,是加工单元或者工位的工序级生产计划。而MES计划事件是指按照产品的工艺要求和生产调度,将主生产计划分解成详细的生产计划,并将生产计划分派到相应的生产单元。

(2) 加工事件(EW)。当生产计划下达到生产单元后,原料已送达并开始进行产品生产的事件称为加工事件。加工事件需要记录相关的生产信息,包括产品名称、所属计划、所需事件、生产数量、使用的材料和人力、开始运行的时间和结束的时间等。加工事件是生产过程中的关键事件,因为生产过程中的事件大部分都是加工事件。

(3) 物料事件(EM)。在生产过程中,当生产计划下达到生产单元,或者生产单元有物料需求的时候,需要将原材料送达生产单元,这类事件叫作物料事件。物料事件可能在加工事件之前发生,这时需要将原材料送达后才可以开工;物料事件也可以在加工事件之后发生,此时若在生产过程中出现废料、缺料等报警事件,就需要根据情况将物料送达。

(4) 设备事件(EE)。生产过程中,设备需要根据生产计划进行开、停机,或者为处理紧急情况而进行停、开机,这就是设备事件。设备事件也包括设备自身的属性,如生产能力和运行情况等。在流程工业中,对设备的依赖性很高,其设备事件除了开、停机之外还包括其他事件,如设备监测等。

(5) 工艺事件(ET)。MES中生产不同的产品往往需要对应不同的生产过程、不同的物料、不同的设备,以及不同的加工工序,在部分流程工业还需要对应不同的生产条件和生产环境。工艺事件就是将这一类约束集合在一起,进行统一管理,将生产计划分解为子生产计划,其中子生产计划的分解粒度原则为具体到加工工序和加工设备。

(6) 报警事件(EA)。在生产过程中可能会出现一些突发事件(如缺料、废料、废品等),以及其他影响生产完成或产品质量的异常事件),需要打断或者介入生产过程,这一类事件叫作报警事件。

2. 建立生产过程事件模型

所谓生产过程,是由一系列按照一定规则联系在一起的生产过程事件 e_i 组成的,它反映了一道工序或者一个工段的生产流程。将生产过程事件按照一定的事件触发规则建立连接,据此所组成的模型就是生产过程事件模型。

事件属性可对实际生产过程中的特定事件特性进行抽象描述。事件通常具有多个属性,这些属性构成了事件的属性集。事件属性的作用在于标记事件状态,确定事件之间的关系,从而完善模型表达。生产过程事件的重要属性有事件 ID、事件状态、事件等级、生产计划号、产品信息(如产品编号、生产序号)、设备信息(如工位 ID、生产线 ID)、时间信息(如生产时间、时间戳)、物料信息、生产优先级等。将这些重要属性进行扩展,就可以较完整地描述生产过程事件了,其中事件状态用于控制事件的生命周期。

事件触发规则可描述事件之间的触发机制。当生产过程中进行某一加工时会产生生产事件,如果该事件能成功开启另一个生产过程,则说明在满足一定的触发规则情况下,前一生产事件是后面生产事件的前驱事件,并且它们之间存在一定的触发规则,使得后一事件被触发。

实际生产过程事件模型中往往含有前驱事件和后继事件,如图 3-3 所示。设有生产事件集合 $E=\{e_1,e_2,\cdots,e_i,e_j,\cdots,e_n\}$,若有生产事件 e_i 必定在生产事件 e_j 之前发生,则称生产事件 e_i 是生产事件 e_j 的前驱事件,e_j 是 e_i 的后继事件。事件集合是有序的,e_i 及其前驱事件的集合构成了 e_j 的前驱事件集,e_j 及其后继事件的集合构成了 e_i 的后继事件集。

在图 3-3 中,e_1 是 e_2 的前驱事件,e_2 是 e_1 的后继事件,e_2,e_3,e_4 同时是 e_5 的前驱事件,e_5 是 e_2,e_3,e_4 的后继事件。

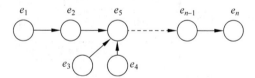

图 3-3 具有前驱事件和后继事件的生产过程事件模型

e_i 的前驱事件集为

$$E_{\text{pre}}(e_i)=\{e_m,e_{m+1},e_{m+2},\cdots,e_{i-1}\}$$

e_i 的后继事件集为

$$E_{\text{nxt}}(e_i)=\{e_{i+1},e_{i+2},e_{i+3},\cdots,e_{n-1},e_n\}$$

e_i 的生产过程表示为

$$\text{OP}(e_i)=\{E_{\text{pre}},\text{Details},E_{\text{nxt}}\}$$

其中,Details 表示事件 e_i 的具体细节。

根据事件中一些关键属性之间的关联,可以顺利找到任何一个事件的前驱和后继,将其连接起来就可以得到生产追踪和产品回溯模型。事件的关键属性包括生产计划号、生产序号、产品编号、设备工位号、生产事件以及时间戳等。

3.2.2 生产过程执行模型

生产过程模型需要通过配置才能实现对实际生产过程的映射,配置的过程需要通过对生产过程事件的触发规则定义来实现。在任何类型的生产过程中,每一个生产过程事件都是通过前驱事件触发的。按照触发规则建立起来的事件模型称为生产过程执行模型,它反映了实际的生产执行流程。

生产过程事件的执行模型就是事件的处理流程模型,也是事件的关系模型,它用来描述生产过程或者事件的执行过程。通过执行模型,我们可以将产品的生产加工过程完整地描述出来。图 3-4 所示是一个典型的生产过程事件的执行流程。其具体描述如下:当生产计划下达到加工设备或者工位时,便产生相应的计划事件。在生产过程中,首先要将物料送达设备或工位,同时产生相应的物料事件。在生产进行时,产生加工事件记录生产过程的状态。在生产过程中,还可能会出现异常情况而产生报警事件,需要系统或人工进行干预,这时根据具体情况,设备可能会停机或暂停,从而产生设备事件。在有些行业或产品的生产过程中,还需要记录设备能耗、能源使用效率等数据,还有可能会按照生产工艺对应的业务逻辑关系触发其他事件。

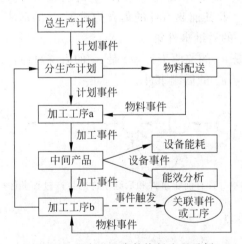

图 3-4 生产过程事件执行流程示例

生产过程事件执行模型将所有的生产过程事件按照产品的业务逻辑连接起来,从而对整个产品的生产过程建立模型。在执行模型中,所有的事件通过触发规则连接到一起。在实际生产过程中,各种各样的生产活动产生了大量不同类型的生产事件,这些生产事件相互影响、互相关联,形成一个复杂的生产系统事件网络。按照生产事件之间的触发规则,该网络中的事件联系在一起。最后会发现产品的所有生产事件形成了一张网状有向图,这就是基于生产事件的生产过程模型。

如前所述,触发规则是构成 MES 生产过程模型的重要组成部分。为了实现生产过程事件模型的可配置,需要对不同行业的生产过程事件触发规则进行定义,因为不同的触发规则可以满足不同行业的不同配置需求。在所有的触发规则中,存在着通用规则和行业特有的规则,我们可以将它们进行总结和分类,建立一个规则库进行统一管理。有些触发规则适用于相同或者类似的行业,有时候甚至适用于所有的生产过程事件,所以,我们可以根据规则的适用程度将触发规则分类,以提高事件处理的效率。一般将生产过程事件触发规则库中的规则分为通用规则、行业规则、企业规则 3 类。其中,通用规则是指适用于所有生产过程的规则,行业规则是指适用于离散、流程或者混合行业中某一个生产类型的生产过程的规则,企业规则是指根据企业的生产特点单独建立的企业特有的生产过程规则。针对实际应用对象的要求,可以调用或者更改规则库中的触发规则。

基于规则库的事件触发处理机制如图 3-5 所示。当一个生产过程事件被触发时,需要在规则库中寻找对应的规则,并调用解析方法,触发执行后续的事件或者操作。生产过程事件规则库在接收到模型发送过来的事件触发消息后,首先对事件类型进行判断并从规则库中获得该类型事件的触发规则,然后进行解析,建立规则树单元,通过事件触发执行器对规则进行执行,生成新的生产过程事件。在规则的执行过程中,需要判断前驱事件和后继事件的有效性,以及它们之间规则的有效性,防止触发错误事件或者无效事件。

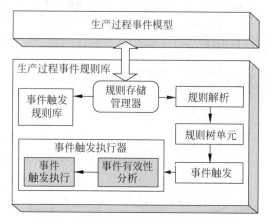

图 3-5 基于规则库的事件触发处理机制

3.2.3 建模实例

在对实际生产过程建模时,需要对模型进行配置以满足实际工艺流程和使用的需要。模型配置的最终目的是使模型执行流程符合实际生产的工艺流程,从而使模型更真实地反映实际生产过程。模型的配置主要包括两个方面:事件属性的配置和触发规则的配置。事件属性的配置主要是对事件实例化后属性的调整。例如,在汽车整车装配生产中,下线时间尤为重要,因此需要在下线事件的属性中添加下线时间作为关键监测数据。事件触发规则的配置主要是根据工艺流程调整规则,使事件的触发顺序符合实际生产的工艺流程。例如,在汽车装配生产中需要加入新的触发规则,以判断车体装配下线时间是否超过规定时间,如果超过则需要触发报警事件,进行人工介入,同时触发设备事件,在后续的设备管理中进行分析。

在模型的配置过程中必须重点考虑产品的工艺属性,工艺属性为生产过程事件提供约束条件。不同行业,不同产品的生产工艺不同,生产过程也就不同。工艺属性记录了每一件产品的工艺信息,包括生产顺序、生产设备、生产环境等。这些关键属性为触发规则的确定提供了硬性规定,所有的触发规则必须严格按照这些属性所确定的范围和标准来制定。

作为生产过程事件模型实例,我们对某客车厂的客车转向架装配生产过程进行建模。在转向架装配过程中,有以下几道重要工序,即机加、焊接、装配、防腐、中装以及检验。其中,绝大多数的物料都采用上工序到下工序,就是原料进行加工后又作为原料进入下一道工序的工位。整个客车装配过程具有离散工业的典型特征,其关键生产工艺流程如图3-6所示。

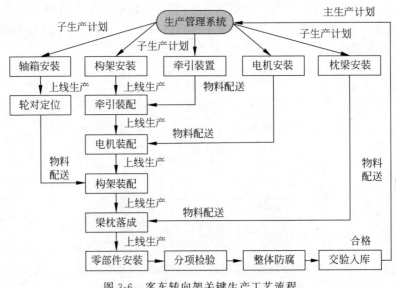

图 3-6　客车转向架关键生产工艺流程

针对图3-6的生产流程,我们对生产过程事件进行抽取和分类,分别定义了以下生产过程事件:

(1) 计划事件,包括主生产计划事件和子生产计划事件,其中子生产计划事件是由主生产计划事件分解得到的。

(2) 加工事件,包括上线事件和下线事件,它们分别代表了机加、焊接、装配、防腐和检验工序的开工上线和完工下线。

(3) 物料事件,包括物料配送事件、缺料事件和废料事件。

(4) 报警事件,包括废品事件、异常事件,其中废品事件可以在检验工序中由不合格产品生成。

(5) 设备事件,包括停机事件和能源效率事件,其中能源效率事件是对生产过程中的加工工序包括能源消耗进行记录统计和分析。生产过程中有些事件的属性需要做细微调整,例如在总装过程中,构架、轮对、电机和其他部件的来料时间非常重要,需要在事件属性中体现出来。

由于是典型的离散工业生产,所以对于事件的触发规则可以直接套用离散工业的触发规则库,产品本身特有的一些规则,例如来料时间的约束,需要在企业触发规则库中进行定义。对于本产品特定的生产工艺,可以在生产事件工艺属性中明确,并在此基础上对触发规则库中的规则进行配置。确定事件模型中的事件和触发规则以后,接下来就是建立事件执行模型,如图 3-7 所示。

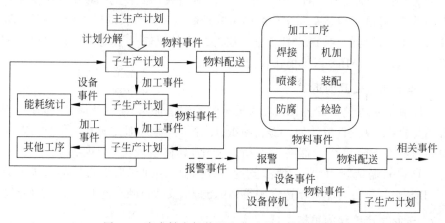

图 3-7 客车转向架装配生产过程事件执行模型

本节介绍了一种基于事件驱动的生产过程建模方法。该建模方法包括对生产过程事件的定义与分类、事件属性的定义以及事件间触发规则的定义,实现了对生产过程的建模。通过对事件的相关属性和触发规则进行配置,使生产过程事件模型的构建可以针对不同行业、不同产品的生产工艺过程,从而满足 MES 系统可配置性和可适应性的要求。

3.3 MES 可重构平台技术

市场需求的动态多变导致现代制造环境不断变化,包括企业业务流程的变化、车间组织机构的变化、车间制造资源的变化等,这就要求 MES 能够根据制造环境的变化快速进行系统配置和调整。MES 体系结构从集成化(integrated)朝可集成

(integratable)和可配置/可重构(reconfigurable)方向发展正是为了适应制造环境变化的需求。国际主流 MES 产品的形态已由 MES 专用产品过渡到由"MES 基础平台＋行业通用构件＋企业定制化构件"构成的 MES 应用解决方案的 MES 平台化产品。

3.3.1 MES 重构要素

企业业务流程、业务目标的变更和车间环境的变化始终是实施 MES 重构的原动力。在实施 MES 重构过程中,会不同程度地涉及车间生产组织结构、制造资源及生产流程 3 大要素。

1. 车间生产组织结构的重构

为了加强各生产部门之间的协作,提高车间的管理运行效率和车间生产的柔性,需要不断调整或精简车间各生产职能部门,重构原有的车间组织结构。如车间典型的 3 层管理模式为车间主任—工段长—班组长,随着生产能力的升级和管理效率的需要,可通过增强车间主任的向下管理职能和班组长的向上管理职能,取消工段长。组织结构的重构在 MES 系统里的最直接反映是系统用户和用户权限的变更,这在目前的 MES 系统里比较容易实现。

2. 车间制造资源的重构

车间制造资源包括设备、工具、人员等物理制造资源、在制品信息、质量等制造过程信息资源,以及订单计划、工艺、图纸、库存信息等外部集成制造信息资源。这些制造资源在实际生产中都能发生动态变化,具体表现为:增加或减少设备、工具、人员,设备制造能力增强,增添质量跟踪信息,添加或取消与外部系统的集成等。MES 必须具备对车间制造资源重构的能力,及时反映车间制造资源的变化。

3. 车间生产流程的重构

生产流程就是将车间各种功能性生产活动有机地组织起来完成生产制造过程,各功能性生产活动涉及相应的车间制造资源。企业业务目标的变更和车间环境的变化使得先前运行良好的生产流程会变得过时,不再适应变化的环境,MES 必须对其重构。生产流程的重构必然在一段时间内带来适应性和生产平稳性问题,如果过高频度地对关键生产流程进行重构容易使车间生产发生动荡,因此应适时、适度地对生产流程进行重构。要实现这一点,就需要在 MES 系统里建立相应的流程评价机制,通过对生产流程的评价,找到需要重构的关键点,提高流程重构的水平和效率。

3.3.2 可重构 MES 体系结构

建立可重构 MES 体系结构的主要支撑技术有组件技术、工作流技术、多智能体系统、业务流程管理(business process management,BPM)等。此外,先进的 IT 架构也是实现 MES 系统可重构的重要基础。基于可重构体系结构的 MES 具有开放式、客户化、可配置、可伸缩、易集成等特性,可针对企业制造资源和业务流程的变更或重组进行系统重构和快速配置,为可重构 MES 系统的实现奠定坚实的基础。

1. 基于组件技术的可重构 MES 体系结构

MES 最终要通过软件技术和软件体系来实现。从软件系统开发的角度看,MES 主要运用软件复用和软件重构技术来实现重构,而组件技术是实现软件复用与软件系统重构的重要技术手段。

组件是通过抽象、封装,以统一规范接口定义和访问的独立功能单元。基于组件的软件开发方法把软件开发分为领域工程和应用工程两类,二者既相互独立又相互促进,通过领域工程开发出可复用的领域组件,然后应用工程从中选取所需的领域组件来装配成用户需要的软件系统。通过对 MES 的各逻辑功能单元进行分类、抽象、提取可开发出 MES 的业务组件库。目前可以参考 COM、EJB、CORBA 等标准组件模型来实现 MES 的各种组件,如计划调度组件、设备管理组件、人员管理组件、系统管理组件等,达到组件真正意义上的"即插即用"。

基于组件技术实现 MES 系统可重构,就是创建一个集成的、通用的和可动态配置的组件化对象模型,为制造领域开发和实施 MES 系统提供共享的、柔性的和易于扩展的开放环境,通过"搭积木"和软件重用来实现不同企业的各种要求,避免对每个企业重复进行需求分析、详细设计、编码、测试和运行维护等整个软件生命周期的工作。

图 3-8 所示是基于组件技术的可重构 MES 体系结构。基于组件技术的 MES 系统具有良好的可配置性、可重用性、可扩展性和可集成性,可以较好地满足现代制造企业对 MES 的需求。

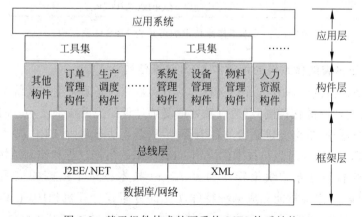

图 3-8 基于组件技术的可重构 MES 体系结构

2. 基于工作流技术的可重构 MES 体系结构

工作流技术是一种能够有效地控制和协调复杂活动的执行,实现人与应用软件之间交互的技术手段。采用工作流技术,可以把 MES 业务逻辑从具体的业务实现中分离出来。这种方法在进行企业实际应用时具有显著的优点,它可以在不修改具体功能模块实现方法(硬件环境、操作系统、数据库系统、编程语言、应用开发工具、用户界面)的情况下,通过修改(重新定义)过程模型来完成系统功能的改变或系统性能的改进。通过工作流技术,可以有效地把企业的各种资源(人、信息、应用工具和业务流程)合理组织在一起,提高软件的重用率,发挥系统的最大效能。基于工作流的 MES 系统可以通过流程的再定义,灵活地将应用系统的功能连接在一起,快速完成企业应用系统的搭建,其体系结构如图 3-9 所示。

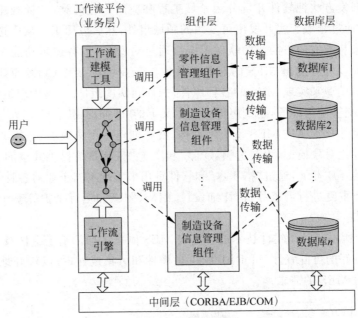

图 3-9 基于工作流技术的可重构 MES 体系结构

3. 基于多智能体系统的可重构 MES 体系结构

多智能体系统(multi-agent system,MAS)被认为是未来生产系统中实现降低生产费用、生产分散化控制、自适应及处理复杂过程的关键技术之一。同时它又是一种新的方法论,贯穿先进制造的各个领域,从企业动态联盟、ERP、规划与调度到现场控制都有 MAS 思想与技术的应用。MES 系统生产过程和控制结构本身所固有的局部控制和分布式决策特性为多 Agent 技术提供了广阔的应用空间。在 MES 中,Agent 主要指能完成某种特殊功能的分布式计算机程序,它具备如下关键属性:持续性、通信能力、自主性、可移动性、反应性、适应性和进化性、推理和规划能力等。基于 MAS 技术框架,可以在 MES 系统中建立多种 Agent 类型,如管理 Agent、加工任务 Agent、资源 Agent、监控 Agent 等,每个 Agent 可以对应一个具有分布式自主决策能力的业务功能模块,它们在分布式环境下实现信息共享和互操作，协同实现 MES 车间生产过程的管控功能。

图 3-10 所示是基于 MAS 的可重构 MES 体系结构。基于 MAS 的 MES 系统具有良好的可重构性与可扩展性，在该系统中，既可以注册业务功能组件，也可以注销业务功能组件，并且 Agent 中各业务功能组件的相互关系也随之做出相应的调整，从而达到系统重构的目的。

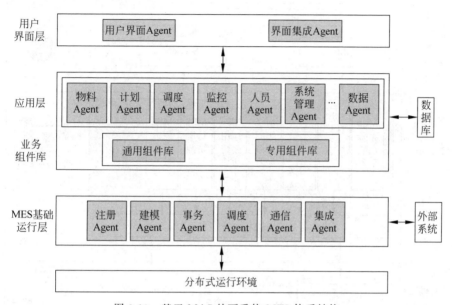

图 3-10 基于 MAS 的可重构 MES 体系结构

4. BPM

BPM 是一种可以为流程建模、自动化、管理和优化的软件技术，代表了一种新的、可以产生满足企业"随需应变"的流程应用方式，该技术的核心是通过软件来管理企业的业务流程生命周期。通过建立一个流程模式，然后实施这个流程模式，产生流程应用，使工作得以在系统和员工之间流转，并且通过这一模式来管理运转中的流程应用和在使用时对流程应用进行优化——无论是改善企业的核心流程或者是因业务条件变化做出调整。在流程生命周期的不同阶段，大部分 BPM 解决方案都支持业务部门的参与，业务人员开发出一个最初的流程模式，然后由 IT 开发人员来实施。利用 BPM 的流程管理思想，将 MES 系统的核心流程模式化，产生具体的车间流程应用，这个过程往往是由 IT 人员与车间业务人员共同完成的，以全面把握车间的核心流程。同时通过对车间流程的全生命周期管理，监控流程的执行状况，真实评价流程水平与效率，形成行之有效的流程优化解决方案。

3.3.3 MES 配置平台

MES 配置平台是实现 MES 系统可配置与可重构的重要手段与工具。只有通过 MES 配置平台,才能够将 MES 可用资源库中的各种资源根据用户实际情况有效地整合在一起,生成符合用户需求的 MES 应用系统解决方案。图 3-11 所示是一个基于 Java 技术的可配置 MES 体系结构。

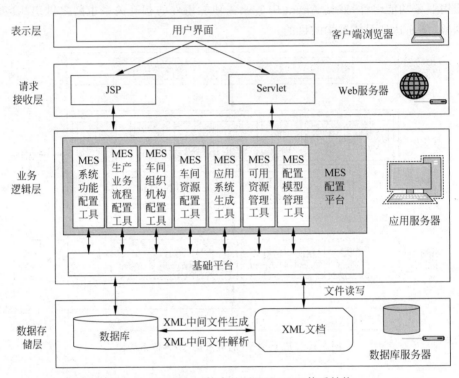

图 3-11　基于 Java 技术的可配置 MES 体系结构

该体系结构采用 Java 跨平台技术,通过 Web 服务的 4 层结构来实现。表示层是 MES 系统的用户接口部分,是用户与 MES 交互信息的窗口,并能够通过内部的通信机制向请求接收层中的 Web 服务器发出请求;请求接收层负责接收用户界面层传来的消息,并将消息转换成调用应用服务器上的相应服务指令,同时将应用服务器的处理结果以网页或控件形式传给表示层。业务逻辑层是可配置 MES 系统的核心,由基础平台层和 MES 配置平台层两部分组成。业务逻辑层通过对数据存储层中所定义的各个数据对象的访问实现对数据库层的各种操作。数据存储层负责向业务逻辑层提供所要求的任何数据的持久性存储服务。

业务逻辑层中的基础平台主要由工作流引擎、系统集成引擎等组成,构成工作流管理与资源信息集成等基础性平台。MES 配置平台则封装了 MES 的相关业务逻辑,包括 MES 系统功能配置工具、MES 生产业务流程配置工具、MES 车间组织机构配置工具、MES 车间资源配置工具、MES 应用系统生成工具、MES 可用资源管理工具、MES 配置模型管理工具等。下面对其具体内容进行展开说明。

(1) MES 系统功能配置工具:能够通过对功能概要描述与特点描述,及智能匹配等方法对 MES 通用功能模块与 MES 可选功能模块进行配置，实现不同用户千差万别的需求，构建满足用户需求的系统框架与功能模块。

（2）MES 生产业务流程配置工具：通过对各个生产活动的属性描述与制造流程的整体描述，配置用户所需的生产业务流程，包括计划制定流程、计划审核流程、生产准备流程、零件生产流程、检验流程、信息反馈流程、任务到期预警流程等，通过工作流技术，对流程中的各个活动进行配置。需要注意的是，生产业务流程的配置是基于 MES 生产模型的。

（3）MES 车间组织机构配置工具：提供对不同车间的各种层次结构及不同职能部门的组织机构配置，并实现不同职能部门不同角色的权限配置。

（4）MES 车间资源配置工具：对生产车间内的生产所需要的资源进行配置（主要是生产设备与加工工人等资源），使得系统能够及时准确地获取车间资源的实时信息，并对车间资源实现统一管理。

（5）MES 应用系统生成工具：以 MES 配置模型为基础，对 MES 可用资源集合进行重构整合，从而构建出满足用户需求的 MES 应用系统。

（6）MES 可用资源管理工具：对 MES 的可用资源进行分类分层管理，包括 MES 通用功能、MES 可选功能与 MES 业务流程等。该工具对每个资源的关键特性通过语言或者图形等方式进行描述，以便 MES 应用系统生成工具对其整合。

（7）MES 配置模型管理工具：通过功能模块、业务流程、车间资源等方面的描述，实现对可配置 MES 系统生成的配置模型的管理。

3.3.4 基于配置平台的可重构 MES 应用系统

基于配置平台的可重构 MES 应用系统解决方案包括"MES 配置平台＋MES 可用资源集合＋MES 用户定制功能"。该解决方案以用户需求为核心，通过在 MES 配置平台中生成的 MES 配置模型，应用 MES 可用资源来配置构建 MES 应用系统，并添加 MES 用户定制功能。

基于配置平台的可重构 MES 应用系统解决方案如图 3-12 所示，下面对其主要内容展开论述。

（1）MES 配置平台：根据用户需求，建立 MES 配置模型并生成 MES 应用系统的一个平台系统，它是整个 MES 可配置框架的核心。在 MES 配置平台中，将用户对 MES 应用系统的需求转换为 MES 配置模型。之后，在 MES 配置模型的基础上建立 MES 应用系统。此外，MES 配置平台负责提供一个可靠的运行环境，保证系统中所有的功能组件在同一环境下良好工作，并以一个统一的运行机制管理所有的功能模块。

（2）MES 可用资源集合：构建满足用户需求的 MES 功能与业务流程的资源集合。MES 配置平台以 MES 配置模型为基础，通过调用 MES 可用资源集合中的功能模块与业务流程建立用户所需要的 MES 应用系统。

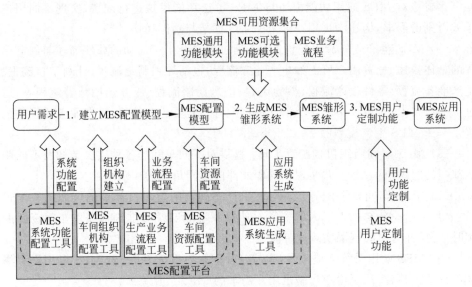

图 3-12 基于配置平台的可重构 MES 应用系统解决方案

(3) MES 用户定制功能：用户定制的功能模块可以根据用户实际的运行环境定制开发适合企业实际情况的功能模块，保证企业具有特色的生产制造流程得以保留，让企业用户能够在自己熟悉的环境中自然地改变正在使用的信息化工具。

图 3-12 中的"MES 配置平台＋MES 可用资源集合"构成了一个在离散制造领域内具有较强通用性的解决方案。以此作为构建 MES 应用系统的基础，再配以为企业定制开发的"MES 用户定制功能"，就可以完整地满足企业的实际需求，实现 MES 的快速配置与对车间生产制造环境变化的快速响应了。

根据上述基于配置平台的面向离散制造业的 MES 应用系统解决方案，应用系统的开发人员甚至可以是用户自己，依据 MES 应用系统的具体需求，包括系统功能、业务流程、信息对象等，通过应用 MES 配置平台，一步步建立 MES 配置模型、MES 雏形系统，最终生成 MES 应用系统。具体步骤如下：

第一步　建立 MES 配置模型。以用户的具体需求为基础，通过 MES 配置平台中的系统功能配置工具、车间组织机构配置工具、生产业务流程配置工具、车间资源配置工具等，建立包括车间的组织机构模型、功能模型、业务流程模型、资源模型、信息模型等信息的 MES 配置模型。

第二步　生成 MES 雏形系统。以 MES 配置模型为基础，根据配置模型中的组织机构模型、功能模型、业务流程模型、资源模型、信息模型等信息，应用 MES 可用资源集合中的通用功能模块、可选功能模块与业务流程，生成 MES 雏形系统。该系统包括 MES 系统运行环境、MES 雏形数据库、MES 通用功能与 MES 配置模型中所包括的功能与业务流程。

第三步　MES 用户功能定制。由于 MES 雏形系统中所包括的功能是以

MES 可用资源集合中的功能与业务流程为基础的,如果用户的需求比较特殊,并不包含在 MES 可用资源集合中,则这些特殊的功能就需要另外定制开发了。根据用户的需求,对 MES 雏形系统中无法满足的要求,可通过 MES 用户功能定制进行个性化定制,最终生成满足用户需求的 MES 应用系统。

由此可见,基于 MES 可配置平台可以快速构建出一个用户所需的 MES 应用系统解决方案,上述方法称为 MES 平台化技术。与传统的软件开发方法不同,MES 平台化技术是通过将构建 MES 应用系统所需要的各种信息(包括功能模型、业务流程模型、组织机构模型、信息模型等)整合在一起,由 MES 配置平台依据这些信息,调用 MES 可用资源集合中的资源,自动构建出 MES 雏形系统,此部分为 MES 平台化技术的核心。如有需要,再针对性地进行定制开发,此部分与传统开发过程类似。应用 MES 平台化技术构建 MES 应用系统的整个过程可以说是一个半自动化过程,大大降低了 MES 应用系统的开发成本。

西门子 MES 可重构平台案例

第 4 章

MES生产调度优化技术

生产调度优化是 MES 的核心功能之一,它能够显著改善生产系统的性能指标,对车间生产过程的优化运行具有重要意义。本章主要介绍离散工业中的车间生产调度问题及基础算法,包括流水车间调度和作业车间调度以及车间动态调度。在本章末尾可通过二维码扫描链接 APS(高级计划与排程)技术及其案例介绍。

4.1 车间生产调度概述

生产调度是指按时间分配生产资源来完成生产任务,以满足某些指定的性能指标。车间生产调度问题一般可以描述为:针对某项可以分解的车间生产任务,在一定的约束条件下(如产品制造工艺规程、设备资源情况、交货期等),如何安排其组成部分(作业)所占用的资源、加工时间及先后顺序,以达到完成该生产任务所需的时间或者成本等目标最优。

生产调度的性能指标可以是成本最低、库存费用最少(减少流动资金占用)、生产周期最短、生产切换最少、"三废"最少、设备利用率最高等。实际生产调度的性能指标大致可以归结为以下 3 类:

(1) 最大能力指标,包括最大生产率、最短生产周期等,它们可以归结为在固定或者无限的产品需求下,最大化生产能力以提高经济效益。在假定存在连续固定需求的前提下,工厂通过库存满足产品的需求,因此,调度问题的主要目标为提高生产设备的利用率、缩短产品的生产周期,使工厂生产能力最大化。这类生产调度问题可以称为最大能力调度问题。

(2) 成本指标,包括最大利润、最小运行费用、最小投资、最大收益等。其中,收益指产品销售收入,运行费用包括库存成本、生产成本和缺货损失。

(3) 客户满意度指标,包括最短延迟、最小提前或者拖后惩罚等。

车间调度问题一般可以描述为: n 个工件在 m 台机器上加工,一个工件包含 k 道工序,每道工序可以在若干台机器上加工,并且必须按一些可行的工艺次序进行加工,每台机器可以加工工件的若干工序,并且在不同的机器上加工的工序集可以不同。调度的目标是将工件合理地安排到各机器,并合理地安排工件的加工次序和加工开始时间,使约束条件被满足,同时优化一些性能指标。在实际制造系统中,还要考虑刀具、托盘和物料搬运系统的调度问题。

一般制造系统的调度问题采用"$n/m/A/B$"的简明表示来描述调度问题的类型。其中,n为工件种类,m为机器数,A表示工件流经机器的形态类型,B表示性能指标类型。对于A(以字母表示),常见的工件流经机器类型有:

(1) G——单件车间(job-shop)调度问题。

(2) F——流水车间(flow-shop)调度问题。

(3) P——置换流水线(permutation flow-shop)调度问题。

(4) O——开放式(open-shop)调度问题。

性能指标B(以符号表示)的形式多种多样,大体可分为以下几类:

(1) 基于加工完成时间的性能指标,如C_{max}(最大完工时间)、$\bar{C}$(平均完工时间)、$\bar{F}$(平均流经时间)、F_{max}(最大流经时间)等。

(2) 基于交货期的性能指标,如$\bar{L}$(平均推迟完成时间)、L_{max}(最大推迟完成时间)、T_{max}(最大拖后时间)、$\sum_{i=1}^{n}T_i$(总拖后完成时间)、n_T(拖后工件个数)等。

(3) 基于库存的性能指标,如$\bar{N}_w$(平均待加工工件数)、$\bar{N}_c$(平均已完工工件数)、$\bar{I}$(平均机器空闲时间)等。

(4) 多目标综合性能指标,如最大完工时间与总拖后时间的综合,即$C_{max}+\lambda\sum_{i=1}^{n}T_i$;提前/延迟(earliness/tardiness,E/T)调度问题,即$\sum(\alpha_i E_i+\beta_i T_i)$,其中$\alpha_i$和$\beta_i$为权重等。

4.2 流水车间调度问题

流水车间调度问题(flow-shop scheduling problem,FSP)一般可以描述为:n个工件在m台机器上加工,一个工件分为k道工序,每道工序要求不同的机器加工。n个工件在m台机器上的加工顺序相同,工件i在机器j上的加工时间是给定的,设为$t_{ij}(i=1,2,\cdots,n;j=1,2,\cdots,m)$。调度问题的目标函数是求$n$个工件的最优加工顺序,使最大流程时间最小。

对FSP常作如下假设:

(1) 每个工件在机器上的加工顺序相同,且是确定的。

(2) 每台机器在每个时刻只能加工某个工件的某道工序。

(3) 一个工件不能同时在不同的机器上加工。

(4) 工序的准备时间与顺序无关,且包含在加工时间中。

例 4-1 确定多台机器加工多个工件的最优加工次序。

假设有 A、B、C、D 4 种工件,都需要进行先车后铣,其加工时间见表 4-1。其中，A、B、C、D 是调度问题中的 4 个工件(或者称为作业)，车床和铣床为 2 台机器，分别为 M_1 和 M_2，车和铣为两个工序(或者称为操作)，分别为工序 1 和工序 2。

表 4-1 4 种工件的加工时间

工件名称	车床工时/h	铣床工时/h
A	15	4
B	8	10
C	6	5
D	12	7
合计	41	26

在调度中，一般用三元组 (i,j,k) 表示工件 i 的工序 j 在机器 k 上加工。如果按照 A→B→C→D 的次序加工，则加工进度即工序加工随时间分配的顺序，可以用甘特图(Gantt)或称为条形图表示为图 4-1，图中的方框表示操作，方框长度表示操作 (i,j,k) 的加工时间 $t_{i,j,k}$。

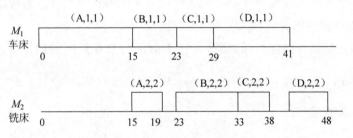

图 4-1 按 A→B→C→D 次序加工的 Gantt 图

在 Gantt 图上，一种可行的调度应确保方框位置满足工序优先顺序的要求，并且方框之间不发生重叠。生产调度的目的是找出总加工时间最短的 Gantt 图。对于上面这个生产任务，如果将加工顺序改为 B→D→C→A，则相应的 Gantt 图如图 4-2 所示。不难看出，原加工方案的总加工时间为 48h，而新加工方案的总加工时间为 45h，因此新方案比原方案优越。

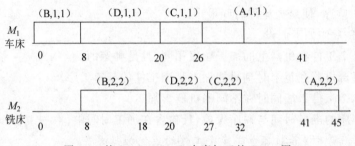

图 4-2 按 B→D→C→A 次序加工的 Gantt 图

如果某一给定的工件在一台或者多台机器上的加工时间为 0，则称为广义流水车间调度问题，否则称为纯流水车间调度问题。纯流水车间调度问题常用"$n/m/\text{F}/C_{\max}$"表示，即 n 个工件在 m 台机器上加工，以最大流程时间最小化为优化目标的流水车间排序问题。

作为特例，如果 FSP 中每个工件在每台机器上的加工次序相同，则称该 FSP 为流水车间排列排序问题（或置换流水车间调度问题），可用"$n/m/\text{P}/C_{\max}$"表示。例 4-1 中的 FSP 即为流水车间排列排序问题。

下面介绍几种经典的 FSP 求解算法。

4.2.1 Johnson 启发式算法

Johnson（约翰逊）启发式算法是求解以最大流程时间为优化目标的 2 台机器的 FSP 最优算法，其最优调度方案由著名的 Johnson 规则确定。该算法为后来的 m 台机器的 FSP 求解提供了基础，所有的启发式试探算法要用到它。

Johnson 算法通过以下简单的规则给出了包含 2 台机器的 FSP 最短生产周期的产品序列。假设有 n 个工件，在 2 台机器上的加工时间分别为 t_{i1} 和 t_{i2}（$i=1,2,\cdots,n$），其最优调度由 Johnson 规则确定：对于工件 i 和工件 j，如果 $\min\{t_{i1}, t_{j2}\} \leqslant \min\{t_{i2}, t_{j1}\}$，则将工件 i 排在工件 j 之前。

可以直接利用这个规则构造最优调度，具体步骤为：

步骤 1 将 n 个工件分成 P 和 Q 两组。分组的原则是，P 组的工件在第二台机器上比在第一台机器上的加工时间长，其余的工件归 Q 组。

步骤 2 将 P 组工件按它们在第一台机器上的加工时间递增顺序排列，将 Q 组工件按它们在第二台机器上的加工时间递减顺序排列。

步骤 3 将 P 组工件顺序和 Q 组工件顺序连接在一起，就构成了生产周期最短的最优工件顺序。

例 4-2 已知一个 2 台机器流水作业车间加工 6 个工件，加工时间列于表 4-2。

表 4-2 6 个工件在 2 台机器上的加工时间

工件	1	2	3	4	5	6
机器 1 上的加工时间	10	5	11	3	7	9
机器 2 上的加工时间	4	7	9	8	10	15

由表 4-2 容易看出，6 个工件中在机器 2 上加工时间比在机器 1 上加工时间长的工件有 $\{2,4,5,6\}$，记为 P 组，其余 $\{1,3\}$ 记为 Q 组。将 P 组工件按它们在第一台机器上的加工时间递增顺序排列，得 P=[4,2,5,6]，将 Q 组工件按它们在第二台机器上的加工时间递减顺序排列，得 Q=[3,1]。将 P 组工件顺序和 Q 组工件顺序连接在一起，得到最优工件加工顺序为 [4,2,5,6,3,1]，相应的最大完工时间为 56（时间单位）。

4.2.2 CDS 启发式算法

CDS(Campbell-Dudek-Simth)启发式算法是 Johnson 算法的扩展。CDS 算法被认为是具有较好鲁棒性的启发式算法,并已经成为很多研究中的比较标准。

CDS 启发式算法首先将 m 台机器分组,产生 $m-1$ 个 2 台机器问题的集合,然后利用 Johnson 算法得到 $m-1$ 个加工顺序,最后选取其中最好的一个加工顺序作为近优调度解。

CDS 算法的第一阶段考虑由机器 1 和 m 形成的 2 台机器问题;第二阶段考虑模拟的 2 台机器问题:模拟机器 1 由机器组 $\{1,2\}$ 组成,模拟机器 2 由机器组 $\{m, m-1\}$ 组成;……第 k 阶段,考虑模拟的 2 台机器问题:模拟机器 1 由机器组 $\{1, 2, \cdots, k\}$ 组成,模拟机器 2 由机器组 $\{m, \cdots, m-k+1\}$ 组成。上述组合加工时间见表 4-3。

表 4-3 模拟 2 台机器问题的组合加工时间计算

阶段 i	模拟 2 台机器的问题		组合加工时间	
	组 1	组 2	t'_{i1}	t'_{i2}
1	1	m	t_{i1}	t_{im}
2	1,2	$m, m-1$	$t_{i1}+t_{i2}$	$t_{im}+t_{i,m-1}$
3	1,2,3	$m, m-1, m-2$	$t_{i1}+t_{i2}+t_{i3}$	$t_{im}+t_{i,m-1}+t_{i,m-2}$
⋮	⋮	⋮	⋮	⋮
$m-1$	$1,2,\cdots,m-1$	$m, m-1, \cdots, 2$	$t_{i1}+t_{i2}+\cdots+t_{i,m-1}$	$t_{im}+t_{i,m-1}+\cdots+t_{i,2}$

阶段 k 的组合加工时间定义如下:

$$t'_{i1} = \sum_{j=1}^{k} t_{ij} \tag{4-1}$$

$$t'_{i2} = \sum_{j=1}^{k} t_{i,m-j+1} \tag{4-2}$$

例 4-3 已知一个 3 台机器的流水作业车间加工 4 个工件,加工时间见表 4-4。

表 4-4 4 个工件在 3 台机器上的加工时间

工作 i	1	2	3	4
机器 1 上加工时间 t_{i1}	1	2	6	3
机器 2 上加工时间 t_{i2}	8	4	2	9
机器 3 上加工时间 t_{i3}	4	5	8	2

按 CDS 算法的阶段划分及组合加工时间定义,可得到 2 个阶段的组合加工时间见表 4-5。

表 4-5　针对表 4-4 形成的 2 个阶段的组合加工时间

工件 i		1	2	3	4
阶段 $l=1$	t_{i1}	1	2	6	3
	t_{i3}	4	5	8	2
阶段 $l=2$	$t_{i1}+t_{i2}$	9	6	8	12
	$t_{i2}+t_{i3}$	12	9	10	11

当 $l=1$ 时，按 Johnson 算法得到加工顺序为 $[1,2,3,4]$，对应的 $F_{max}=28$；当 $l=2$ 时，按 Johnson 算法得到加工顺序为 $[2,3,1,4]$，对应的 $F_{max}=29$。故取顺序 $[1,2,3,4]$ 为最终解。

4.2.3　NEH 启发式算法

NEH(Nawaz-Enscore-Ham) 是性能比较好的一种启发式算法。与 CDS 算法不同，NEH 启发式算法不把原来的 m 台机器问题化为一个模拟的 2 台机器问题，而是通过每一步加入一个新工件，从而求得最好的局部解，最后构造工件的加工顺序。

NEH 启发式算法假定在所有机器上的总加工时间越长的工件，比总加工时间短的工件应该得到越大的优先数。即首先计算各工件在所有机器上的加工时间和，并按照递减顺序排列，然后将前 2 个工件进行最优调度，进而依次将剩余的工件逐个插入已经调度的工件排列中的某个位置，使得调度指标最小，直到所有工件调度完毕，从而得到一个调度结果。

NEH 启发式算法的步骤为：

步骤 1　按工件在机器上总加工时间递减的顺序排列 n 个工件。

步骤 2　取前 2 个工件调度使最大流经时间达到极小。

步骤 3　从 $k=3,\cdots,n$ 把第 k 个工件插入 k 个可能的位置，取合适的插入位置使得最大流经时间最小。

数值计算结果表明，NEH 算法的性能优于 CDS 算法。

4.3　作业车间调度问题

4.3.1　一般作业车间调度问题

一般作业车间调度问题(job-shop scheduling problem, JSP)可以描述为：n 个工件在 m 台机器上加工，每个工件有特定的加工工艺，每个工件使用机器的顺序及其每道工序所花的时间已给定。调度问题就是如何安排工件在每台机器上的加工顺序，使得某种指标最优。这里假设：

(1) 不同工件的工序之间没有顺序约束。

(2) 某一工序一旦开始加工就不能中断,每台机器在同一时刻只能加工一道工序。

(3) 机器不发生故障。

调度的目标是确定每台机器上工序的顺序和每道工序的开工时间,使最大完工时间 C_{max} 最小或其他指标达到最优。Job-Shop 调度问题可简明表示为"$n/m/G/C_{max}$",此处 G 表示作业车间调度问题。

JSP 是一类满足任务配置和顺序约束要求的资源分配问题,是最困难的组合优化问题之一。资源和任务分别是一些机器和作业。作业可由若干称为操作的子任务组成。已知每个任务中诸操作在机器上加工的优先顺序和所需时间,要求给出作业调度,使得目标函数值(如总的加工时间最短或机器最长加工时间最短等)达到最小。与 FSP 相比,由于 JSP 的每个工件的加工工序可以是不同的,所以,JSP 比 FSP 更加复杂。

例 4-4 确定多台机器加工多个工件的最优加工次序。

假设有 3 种工件,在车床(M_1)、铣床(M_2)、刨床(M_3)3 种设备上加工,其加工顺序和加工时间见表 4-6 和表 4-7。一种调度方案的 Gantt 图如图 4-3 所示。

表 4-6 3 种工件在 3 台设备上的加工顺序

工件	加工顺序		
	1	2	3
1	M_3	M_1	M_2
2	M_2	M_3	M_1
3	M_2	M_1	M_3

表 4-7 对应表 4-6 的加工时间

工件	车床工时/h	铣床工时/h	刨床工时/h
1	4	2	7
2	3	5	6
3	2	4	3

对于作业车间调度问题,已经提出了许多最优化求解方法,例如神经网络和拉格朗日松弛法,但由于 JSP 是一个非常难解的组合优化问题,多数现有的最优化算法只适用于规模较小的问题。

作业车间调度问题被证明是属于 NP 难题,在数学界公认是最困难的组合优化问题之一,目前提出了许多启发式算法解决简单的作业车间调度问题。但迄今为止,尚未有保证性能的启发式算法,只有在一些特殊的场合才适用。很多研究表明,寻找作业车间调度问题的最优解是非常困难的,最有工程意义的求解算法是放

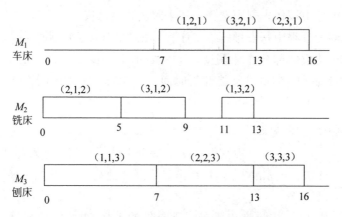

图 4-3　3 种工件在 3 台设备上加工的一种调度方案的 Gantt 图

弃寻找最优解的目标,转而试图在合理、有限的时间内寻找到一个近似的、有用的解。

作业车间调度问题是一个资源分配问题,这里的资源是设备。由于 JSP 本身的 NP 难特性,通常采用启发式算法进行求解。多数传统的启发式算法应用优先权规则,即在一个从未排序的工序特定子集中选用工序的规则。近年来,基于概率的局域搜索方法成为求取 JSP 的重要算法,如遗传算法(genetic algorithm,GA)、模拟退火(simulated annealing,SA)算法、禁忌搜索(tabu search,TS)算法等。下面介绍一种常用的优先分配启发式算法。

优先分配启发式算法具有容易实现和较小的时间复杂性等特点,因而成为实际生产调度中经常使用的方法。Giffler 和 Thompson 提出了构造调度的 2 个算法:活动调度法和无延迟调度法。这两个算法被视为所有基于优化规则的启发式调度算法的基础。

所谓活动调度(active schedue),是指任何一台机器上的每段空闲时间都不足以加工一道可加工工序的半活动调度(semi-active schedule)。而半活动调度(semi-active schedule)是指各工序都是按最早可开工时间安排的作业调度(即同一台机器上的相邻工序之间没有故意间隔),否则为非活动调度(non-active schedule)。

所谓无延迟调度(no-delay schedule),是指没有任何延迟出现的活动调度(延迟是指有工件等待加工时,机器出现空闲,即使这段空闲时间不足以加工任何一道可加工工序)。

Giffler 和 Thompson 构造调度的方法是树形结构方法。树中的节点对应部分调度,边对应可能的选择,叶子是可能的调度的集合。对于一个给定的部分调度,算法主要是识别所有的加工冲突,即竞争同一台机器的工序,而后在每一个阶段采取一些步骤以多种可能的方式解决这些冲突。而启发式算法则用优先分配规则,即在冲突的工序中按优先规则选择工序来解决这些冲突。

在构造调度过程中每安排一道工序称作一"步"(step)。设：$\{S_t\}$ 表示 t 步之前已排序工序构成的部分作业调度；$\{O_t\}$ 表示第 t 步可以排序的工序集合；T_k 表示 $\{O_t\}$ 中工序 O_k 的最早可能开工时间；T'_k 表示 $\{O_t\}$ 中工序 O_k 的最早可能完工时间。

1. 活动调度构造算法

步骤 1 设 $t=1,\{S_1\}$ 为空集，$\{O_1\}$ 为各工件第一道工序的集合。

步骤 2 求 $T^*=\min\{T'_k\}$，并找出 T^* 出现的机器 M^*。如果 M^* 有多台，则任选一台。

步骤 3 从 $\{O_t\}$ 中挑选出满足以下条件的工序 O_j：需要机器 M^* 加工，且 $T_j<T^*$。（因为 O_j 取自第 t 步可以排序的工序集合，因此保证了计划的半活动性；而 $T_j<T^*$ 则保证在机器 M^* 上安排 O_j 后，在 O_j 之前，机器 M^* 上不会有足够的空闲可以插入其他工序，因此保证了计划的活动性。）

步骤 4 将确定的工序 O_j 放入 $\{S_t\}$，从 $\{O_t\}$ 中消去 O_j，并将 O_j 的紧后工序放入 $\{O_t\}$ 中，使 $t=t+1$。

步骤 5 若还有未安排的工序，则转步骤 2，否则停止。

2. 无延迟调度构造算法

步骤 1 设 $t=1,\{S_1\}$ 为空集，$\{O_1\}$ 为各工件第一道工序的集合。

步骤 2 求 $T^*=\min\{T_k\}$，并找出 T^* 出现的机器 M^*。如果 M^* 有多台，任选一台。

步骤 3 从 $\{O_t\}$ 中挑选出满足以下条件的工序 O_j：需要机器 M^* 加工，且 $T_j=T^*$。

步骤 4 将确定的工序 O_j 放入 $\{S_t\}$，从 $\{O_t\}$ 中消去 O_j，并将 O_j 的紧后工序放入 $\{O_t\}$ 中，使 $t=t+1$。

步骤 5 若还有未安排的工序，则转步骤 2，否则停止。

下面给出一个简单的算法示例。有一个 2 个工件、3 台机器、以流经时间为优化目标的作业车间调度问题（即 $2/3/G/F_{\max}$ 问题），其工艺路线矩阵 $\boldsymbol{D}$ 和加工时间矩阵 $\boldsymbol{T}$ 分别如下：

$$\boldsymbol{D}=\begin{bmatrix}1,1,1 & 1,2,3 & 1,3,2\\2,1,3 & 2,2,1 & 2,3,2\end{bmatrix},\quad \boldsymbol{T}=\begin{bmatrix}2 & 4 & 1\\3 & 4 & 5\end{bmatrix}$$

其中，$\boldsymbol{D}$ 中的每个元素 (i,j,k) 用于描述某个工件的某道工序：表示工件 i 的第 j 道工序在机器 k 上进行。例如，1,2,3 表示第 1 个工件的第 2 道工序在机器 3 上进行。$\boldsymbol{T}$ 中的每个元素对应 $\boldsymbol{D}$ 中工序的加工时间。

表 4-8 和图 4-4 分别给出了活动调度构造过程及其调度结果。

表 4-9 和图 4-5 分别给出了无延迟调度构造过程及其调度结果。

表 4-8　活动调度构造过程

步骤	$\{O_t\}$	T_k	T'_k	T^*	M^*	O_j
1	1,1,1 2,1,3	0 0	2 3	2	M_1	1,1,1
2	2,1,3 1,2,3	0 2	3 6	3	M_3 M_3	1,2,3 (任选工序)
3	2,1,3 1,3,2	6 6	9 7	7	M_2	1,3,2
4	2,1,3	6	9	9	M_3	2,1,3
5	2,2,1	9	13	13	M_1	2,2,1
6	2,3,2	13	18	18	M_2	2,3,2

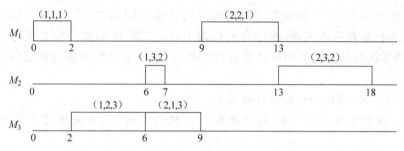

图 4-4　活动调度法得到的调度结果（机器 Gantt 图）

表 4-9　无延迟调度构造过程

步骤	$\{O_t\}$	T_k	T'_k	T^*	M^*	O_j
1	1,1,1 2,1,3	0 0	2 3	0 0	M_1 M_3	1,1,1 (任选机器)
2	1,2,3 2,1,3	2 0	6 3	0	M_3	2,1,3
3	1,2,3 2,2,1	3 3	7 7	3 3	M_3 M_1	1,2,3 (任选机器)
4	1,3,2 2,2,1	7 3	8 7	3	M_1	2,2,1
5	1,3,2 2,3,2	7 7	8 12	7 7	M_2 M_2	2,3,2 (任选工序)
6	1,3,2	12	13	12	M_2	1,3,2

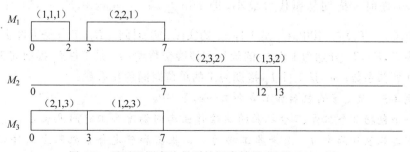

图 4-5　无延迟调度法得到的调度结果（机器 Gantt 图）

4.3.2 柔性作业车间调度问题

柔性作业车间调度问题(flexible job-shop scheduling problem, FJSP)是一般 Job-Shop 调度问题的扩展。在一般 Job-Shop 调度问题中,工件的每道工序只能在一台确定的机床上加工。而在 FJSP 中,每道工序可以在多台机床上加工,并且在不同的机床上加工所需的时间不同。FJSP 减少了机器约束,扩大了可行解的搜索范围,增加了问题的复杂性。

FJSP 的描述如下:一个加工系统有 m 台机器,要加工 n 种工件。每个工件包含一道或多道工序,工件的工序顺序是预先确定的;每道工序可以在多台不同的机床上加工,工序的加工时间随机床的性能不同而变化。调度目标是为每道工序选择最合适的机器,确定每台机器上各工件工序的最佳加工顺序及开工时间,使系统的某些性能指标达到最优。此外,在加工过程中还应满足以下约束条件:

(1) 同一时刻同一台机器只能加工一个工件。
(2) 每个工件在某一时刻只能在一台机器上加工,不能中途中断每一个操作。
(3) 同一工件的工序之间有先后约束,不同工件的工序之间没有先后约束。
(4) 不同的工件具有相同的优先级。

在实际生产中 FJSP 常用的 3 种性能指标是:最大完工时间 $C_{\max}$(makespan)最小、每台机器上的最大工作量(workloads)最小和提前/拖期惩罚代价最小(基于 JIT 生产模式中 E/T 调度问题的性能指标)。其中,最大完工时间($C_{\max}$)最小是最典型的正规性能指标,E/T 调度问题的性能指标是非正规性能指标中最具代表性的一种。对于 n 个工件、m 台机器的 FJSP,这 3 种性能指标的目标函数为:

(1) 最大完工时间 $C_{\max}$ 最小,即 $\min\{\max C_i, i=1,2,\cdots,n\}$。其中,$C_i$ 是工件 J_i 的完工时间。

(2) 每台机器上的最大工作量 $W_{\max}$ 最小,即 $\min\{\max W_j, j=1,2,\cdots,m\}$。其中,$W_j$ 是机器 M_j 上的工作量(或机器 M_j 上的总加工时间)。

(3) 提前/拖期惩罚代价最小,即 $\min \sum_{i=1}^{n}[h_i \times \max(0, E_i - C_i) + \omega_i \times \max(0, C_i - T_i)]$。其中,$C_i$ 是工件 J_i 的实际完工时间,$[E_i, T_i]$ 是工件 J_i 的交货期窗口,E_i, T_i 分别为工件 J_i 的最早和最晚交货期;h_i 是工件 J_i 提前完工的单位时间惩罚系数;ω_i 是工件 J_i 拖期完工的单位时间惩罚系数。

例 4-5 确定多台机器加工多个工件的 FJSP。

一个包括 3 个工件、5 台机器的柔性作业车间调度加工时间见表 4-10。FJSP 的求解过程包括两部分:选择各工序的加工机器和确定每台机器上工件的加工顺序。

表 4-10 3 个工件在 5 台机器上的柔性作业车间调度加工时间

工件	工序	加工机器和时间				
		M_1	M_2	M_3	M_4	M_5
J_1	$Q_{1,1}$	2	3	4	—	—
	$Q_{1,2}$	—	5	2	4	3
	$Q_{1,3}$	—	2	5	4	3
J_2	$Q_{2,1}$	3	—	5	—	2
	$Q_{2,2}$	—	3	2	9	—
	$Q_{2,3}$	7	—	4	2	3
J_3	$Q_{3,1}$	3	2	—	7	—
	$Q_{3,2}$	—	—	3	6	1
	$Q_{3,3}$	3	4	—	—	4

本例中我们用析取图(disjunctive graph)来描述一个 FJSP 的可行解。析取图是调度问题的另一类重要描述形式,析取图模型 $G=(N,A,E)$ 的定义为:N 是所有工序组成的节点集,用 0 和 * 表示 2 个虚设的起始工序和终止工序;A 是连接同一工件的邻接工序间的连接(有向)弧集;E 是连接在同一机器上相邻加工工序间的析取弧集。析取弧集 E 由每台机器 k 上的析取弧子集组成,即 $E=\bigcup_{k=1}^{m}E_k$,其中 E_k 表示机器 $k(k\in M)$ 上的析取弧子集,m 为机器总数;对于 FJSP,析取弧集 E 是变化的。每个节点上都有一个权值,表示此工序的加工时间 $p_{i,j,k}$(即工件 i 的第 j 道工序在机器 k 上的加工时间),此外 $p_0=p^*=0$。

对于所有 $k\in M$,在每个 E_k 中求得一个选择 S_k,其并集 $S=\bigcup(S_k:k\in M)$,称为完全选择。将完全选择集 S 取代析取图 G 中的析取弧集 E,则可得到有向图 $D_s=(N,A\cup S)$。如果图 D_s 内不存在循环(非循环的),则称相应的完全选择 S 是非循环的。一个非循环的完全选择 S 确定一个可行调度。图 4-6 表示了 FJSP

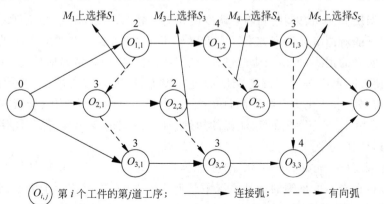

图 4-6 表 4-10 中 FJSP 问题的一个可行解的有向图表示

的一个可行解的有向图,该图内不存在循环。此外,如果 $L(u,v)$ 表示图 D_s 中从工序 u 到工序 v 的最长路径的长度,那么调度的最大完工时间 $L(0,*)$ 等于图 D_s 中最长路径的长度。因此,用析取图描述调度问题的目标就是找到一个完全选择 $S \subset E$,使得有向图 D_s 中最长路径的长度(或关键路径的长度)最小。

关键路径是一个可行调度解的重要成分,它是有向图 $D_s=(N, A \cup S)$ 中从起点到终点的最长路径,其长度表示调度解的最大完工时间,并且仅有关键路径上的工序 u 具有 $L(0,u)+L(u,*)=C_{max}$ 的特性。其中,$L(0,u)$ 表示头时间,即工序 u 的最早开工时间;$L(u,*)$ 表示尾时间,是工序 u 的最早开工时间到 $*$ 的最大长度。

相比 JSP,FJSP 是更复杂的 NP 难问题。迄今为止,比较常用的求解方法有基于规则的启发式方法、遗传算法、模拟退火算法、禁忌搜索算法、整数规划法和拉格朗日松弛法等。

FJSP 中运用较多的是基于规则的启发式方法。各种调度规则按其在调度过程中所起的作用又分为加工路线选择规则和加工任务排序规则,它们的共同特点是求解速度快,简便易行。然而,现行的调度规则大多是在一般单件车间调度甚至是单台机床排序的应用背景下提出的,它们对于柔性单件车间调度问题的解决虽然有相当的借鉴价值,但与在一般调度应用中一样,其对于应用背景有较大的依赖性。目前,尽管大量研究开展了新型规则设计、调度规则比较以及不同调度环境下各种规则的性能评估等方面的工作,但要给出一种或者一组在各种应用场合均显优势的调度规则尚有一定的困难。遗传算法操作简便,鲁棒性好,通用性强,不受限制性条件的约束,并且具有隐含并行性和全局解空间搜索能力的特点,在生产调度领域得到了广泛的应用。

4.4 车间动态调度问题

生产调度分为动态调度和静态调度两大类。静态调度是在已知调度环境和任务的前提下的所谓事前调度方案。在实际生产过程中,虽然在调度之前进行了尽可能符合实际的预测,但由于生产过程中诸多因素难以预先精确估计,往往影响调度计划,使实际生产进度与静态调度的进度表不符,因此需要进行动态调整。比如,由于市场需求变化会引起产品订单变化,包括产品数量的变化、交货期的变化等;抑或是由于生产设备故障、能源的短缺、加工时间的变化等,都可能使原来的调度不符合实际情况。

动态调度(dynamic scheduling)亦称为再调度(rescheduling),是指在调度环境和任务存在着不可预测的扰动情况下的调度方案,它不仅依赖于事前调度环境和任务,还与当前状态有关。动态调度有 2 种形式:滚动调度(rolling scheduling)和被动调度或反应式调度(reactive scheduling)。滚动调度是指调度的优化时间随着时间的推移在一个接一个的时间段内动态进行生产调度。被动调度是指当生产过程发生变化,原来的调度不再可行时所进行的调度修正。被动调度是在原有的静态调度的基础上进行的,因此,它的调度目标是尽量维持原调度水平,性能指标下降得越小越好。滚动调度既可以在原有的静态调度的基础上进行,也可以直接进行,其最终目的都是在当前优化区域内得到最优或者近优调度。

动态调度是把车间生产看成一个动态过程,工件依次进入待加工状态,各种工件不断进入系统接受加工,同时完成加工的工件又不断离开。引起车间调度环境变化从而需要进行动态调度的事件称为动态事件。动态事件的种类有多种,主要分为以下 4 类:

(1) 与工件相关的事件,包括工件随机到达、工件加工时间不确定、交货期变化、动态优先级和订单变化。

(2) 与机器相关的事件,包括机器故障、意外损坏等导致的机器停机与维修保养等。

(3) 与工序相关的事件,包括工序延误、质量否决和产量不稳定。

(4) 其他事件,如操作人员不在场、原材料延期到达或有缺陷、动态加工路线等。

与静态调度问题相比,动态调度问题不仅需要考虑初始状态,还经常面临紧急工件或计划工件不断加入等动态因素,因此,动态调度问题的性能指标比静态调度的更为复杂,并且多目标综合性能指标居多。譬如,在经典的 Job-shop 静态调度问题中,所有工件的释放时间(或到达时间)r_i 均为零时刻,性能指标通常采用最大完工时间 C_{max} 最小,即 $\min\{\max C_i, i=1,2,\cdots,n\}$,其中,$C_i$ 是工件 J_i 的完工时间。然而,在实际动态生产环境中工件是依次进入待加工状态,它们的释放时间 r_i 是不可预期和不相同的。由于工件只能在释放时间之后开始加工,动态调度中最大完工时间经常由最新加入工件的释放时间支配。因此,在动态调度问题中通用性能指标一般采用工件的平均流经时间 $\overline{F}$ 最小,即 $\min\left[\dfrac{1}{n} \times \sum_{i=1}^{n}(C_i - r_i)\right]$。其中,$r_i$ 和 C_i 分别为工件 J_i 的释放时间和完工时间,替代最大完工时间 C_{max} 最小。

滚动再调度(rolling horizon rescheduling)是解决车间动态调度问题的主要方法之一。该方法是 Nelson 等于 1977 年最早提出的,其基本思想是把动态调度过程分成多个连续静态的调度区间,然后对各个调度区间进行在线优化以达到每个区间内最优,从而使得调度方案能适应复杂多变的动态环境。正是基于这些优点,滚动再调度得到了较广泛的关注和应用。

滚动再调度的主要思想是滚动优化。在初始时刻,从所有待加工工件中选取一定数目的工件加入工件窗口进行调度并产生调度初始方案,这就是静态调度问题。但在初始方案的执行过程中,由于生产环境情况的变化,需要进行再调度,也就是动态调度。这时将已完工的工件从工件窗口中移出,再加入一批待加工工件到工件窗口中,重新对工件窗口内的工件进行静态调度。这一过程重复进行,直到所有工件加工完成,这就是滚动窗口调度技术。下面介绍滚动调度策略中的工件窗口和滚动再调度机制2个关键要素。

4.4.1 滚动调度工件窗口

采用滚动窗口技术进行动态调度优化,首先是要定义一个滚动窗口。滚动窗口也称为工件窗口。每次再调度只对当前工件窗口中的工件(或窗口工件)进行操作,并依据调度结果进行加工。这里将所有工件分成4个集合:已完成工件集、正在加工工件集、未加工工件集、待加工工件集,图4-7显示了滚动调度中各工件集的关系。其中,正在加工工件集包括再调度时刻正在加工的工件,未加工工件集包括已调度但还没有开始加工的工件,待加工工件集包括准备加工等待调度的工件。窗口工件由正在加工工件集、未加工工件集、待加工工件集组成。每次滚动调度优化时,从工件窗口中移出已完成工件集,向其中加入待加工工件集,运用调度算法对窗口工件进行优化,将得到的调度方案下达生产线执行。

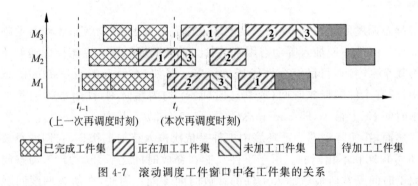

图4-7 滚动调度工件窗口中各工件集的关系

再调度周期和窗口工件的选择规则是工件窗口中的2个关键要素,它们直接影响着调度优化的整体效率。再调度周期是指2次调度之间的时间间隔。在大多数研究中,再调度时间点是均匀分布的,这样做的缺点是再调度次数不能反映车间生产的负荷情况。针对这一问题,Sabuncuoglu和Karabuk建议采用变再调度周期方法,使再调度次数与生产车间的负荷成正比,负荷越大,再调度次数越频繁。窗口工件或待调度工件来源于3个工件集,即正在加工工件集、未加工工件集、待加工工件集。窗口工件的数量影响着调度优化的效果,若选取的工件太少,则优化调度整体效果不理想且机床设备的利用率低;若选取的工件太多,则对突发事件的响应时间较长,影响车间的生产效率。选取规则要充分考虑客户的要求和提高生产率的需要,可根据工件优先级或交货期的时间约束选择工件。再调度周期的时间和窗口工件的数量可以根据生产的实际情况加以确定。

4.4.2 滚动再调度机制

针对作业车间的动态调度问题,考虑的具体情况不同,所采取的调度策略也有所不同。有些研究重点考虑原材料延期达到、工序加工延误或超前、机器损坏等突发事件的应对措施,有些则主要针对紧急工件或待加工工件连续不断到来的情况,也有的将两方面的情况都加以考虑。因此,目前滚动再调度主要有 3 种:事件驱动再调度、周期性再调度和基于周期与事件驱动的混合再调度。

事件驱动再调度是指当出现一个使系统状态发生变化的事件时立即进行再调度。当原材料延期到达、工序延误、某台机床设备突发故障或损坏时,为使生产能够继续进行,需要进行再调度。同时,在下面几种突发事件发生时,一般也需要立即进行再调度:一是当损坏的机床被修复后;二是某种正在加工的工件突然被取消;三是有新类型的工件由于交货期突然提前,需要立即进行加工等。

周期性再调度是每隔一段生产周期进行一次再调度。在每个生产周期开始前进行调度,当生产周期开始后按调度结果执行。周期性再调度使生产保持一定的稳定性,是实际生产中采用最多的调度方法。当计划层不断地下达工件的加工计划时,新的工件由于交货期等的约束,需要采用周期性再调度策略。周期性再调度的时间间隔可以根据计划层下达的计划任务量、车间生产的负荷等具体实际情况加以确定。

事件驱动再调度能处理突发事件,但对未来事件缺乏预见能力,没有整体的概念。周期性再调度可以提高生产的稳定性,但无法处理突发事件。基于周期与事件驱动的混合再调度策略组合了这两种调度策略的优点,既可以较好地响应实际的动态环境,又能保持一定的稳定性。因此,一般采用基于周期与事件驱动的混合再调度策略,当原材料延期到达、工序延误、机床发生故障、工件交货期改变和急件任务到达等突发事件发生时,立即进行再调度;否则,按周期性再调度的周期时间进行再调度。

APS(高级计划与排程)技术及案例

近二十年来,以生产调度优化技术为核心,已发展出一类解决制造企业计划排程与生产调度问题的专门技术即 APS。APS 基于各种生产调度算法以及优化、模拟技术等,考虑车间生产资源与能力约束,从各种可行生产计划与调度方案中选出一套最优方案并生成详细作业计划,帮助车间对生产任务进行精细化、科学化、智能化决策管理。而且,APS 功能的发挥已从车间扩展到供应链管理上,致力于供应链整体计划问题的解决。目前,APS 作为独立的生产计划与调度系统,已与 ERP、MES 一起构成制造企业信息化管理的"ERP+APS+MES"整体基本框架。

第 5 章

MES数据采集与生产监控技术

数据采集与生产监控是实现 MES 实时性生产管控的基础技术手段。本章分析车间制造信息的主要内容，主要介绍了基于条码、RFID 与 OPC 接口的 3 种数据采集技术，论述了 MES 生产监控系统的架构及生产监控系统网络技术，介绍了车间物联网技术及其在 MES 生产监控中的应用。在本章末尾可通过二维码扫描链接一个具体的生产监控系统案例。

5.1 车间制造信息及其采集方式

MES 系统中涉及的车间制造信息主要包括关键设备及工装信息、物料信息、生产过程信息、产品质量信息、人员信息以及能源信息等。

(1) 关键设备及工装信息。关键设备及工装信息由设备及工装的静态信息和动态信息组成。其中，静态信息主要是指设备编号、设备型号、工艺能力、厂商等基本属性信息；动态信息主要是指设备及工装在加工过程中不断变化的状态信息，例如设备及工装的运行状态信息、维修状态信息和其他状态信息。

(2) 物料信息。物料信息由两部分组成：一部分是物料的基本信息，这类信息属于静态信息，一般在生产过程中不会发生变化；另一部分是物料的状态信息，这类信息属于动态信息，在生产加工中会不断变化。静态物料信息主要由物料编号、型号规格、物料种类、工艺路线、加工数量等组成。动态物料信息包括物料在加工各个环节的实际损耗和装配齐套性等信息。

(3) 生产过程信息。生产过程信息直接反映车间生产计划及其实际生产加工状况，如所加工的物料、零部件、半成品所处的具体加工位置，以及实际生产任务的完工情况等状态信息，如应完成数量、未完成数量、不良品数量等信息。

(4) 产品质量信息。产品质量信息主要是指在车间制造加工过程的各个环节涉及产品质量的相关信息。质量信息的采集能够改进车间生产过程的管理方式和对产品的工艺路线进行完善，同时质量信息的获取能够为提高车间生产效率提供重要依据。它包括在生产准备时对物料的质检信息、加工过程中对零部件的自检信息、完工后对成品的质检信息等。

(5) 人员信息。制造车间的人员组织结构复杂，主要包括实际生产操作人员、车间计划人员、车间调度员以及车间质量管理员等,而每位人员的信息结构又包括人员的基本信息、人员状态信息和人员的绩效信息。

上述车间信息可以进一步归纳为基础类、资源类、运行类、绩效类等 4 个类别的数据。表 5-1 归纳总结了制造车间的数据类别、信息内容、实时性要求及采集方法。

表 5-1 制造车间数据内容及其采集方法

数据类别	信息内容	实时性要求	采集方法
基础类数据	基础定义类数据,如物料信息、产品配方、产品规范、工艺路线、工艺文件、作业指导书、三维设计/工艺模型、质量体系要求、安全标准、设备维护要求、工厂布局、员工档案等	一次性录入,为静态信息	终端输入、条码扫描、系统集成等
资源类数据	来自"人、机、料、法、环、测、能"的各类资源的实时数据,如设备信息、装置信息、仪表数据、刀具、工装信息、库存信息、在制品状态、质量检测信息、能耗信息、人员信息等	实时采集,为动态信息	条码扫描、RFID、OPC 接口、PLC 通信、DNC 网卡、SCADA、物联网、传感器、机器视觉、刷卡等
运行类数据	计划调度类信息,如生产计划、库存计划、维修计划、生产分派信息、生产进度信息等	按管理要求间歇性采集	条码扫描、终端输入、接口集成等
绩效类数据	实际制成结果,如物料消耗记录、质量档案、维修记录、成本统计、KPI 关键绩效数据等	按管理要求间歇性采集	接口集成等

针对不同的车间信息采集需求,目前常用的技术手段大致分为以下几种:

(1) 利用传统的手工录入方式进行信息采集。当前,虽然很多企业都在进行信息化建设与改造,但传统的手工录入信息采集方式应用仍相当广泛,通过这种方式不但可以对加工工况信息进行采集,还能够将设备运行状态等信息录入指定的系统。通常,传统的手工录入有 2 种采集方式:一种是车间的操作人员通过加工流转单和质检单的形式手工记录,然后由车间统计人员汇总后统一进行处理,最后导入具体的管理信息系统中;另一种是车间现场生产人员通过工位上的工位控制器或连接该工位上的 PC 直接将信息录入。

(2) 利用现代数字化信息采集设备进行信息采集。综合光、电、视觉、温度等相关技术,通过采用 RFID 读写器、条码读写器以及各类手持式终端,对车间制造过程中的信息载体进行自动识别。采用 RFID 采集数据时,读卡器对 RFID 标签进行识别,然后通过采集系统内部软、硬件的处理和解析,将最终得到的信息反馈给用户。因为 RFID 标签具有存储容量较大、存储内容可变的特点,RFID 读写器不仅可以用来读写动态数据,还可以用来采集静态数据。RFID 读写器还具备读写速度快、可批量读写等优点,因此 RFID 在 MES 数据采集中的应用越来越广泛。通过条码扫描进行数据采集则具有操作灵活、成本低等优点,但存在条码一旦确定其内容就固定不变的问题,对于采集制造过程中动态数据的能力较弱,因此其主要用于成品管理。例如,将条码贴在待追踪产品的包装上,可用来自动识别其物料组成及相关信息。在某些固定的应用场合,则适合采用嵌入式终端进行数据采集,其优点是稳定性好,但也存在功能单一的不足,一般用来采集某些特定需求的数据。

(3) 利用自动化生产设备进行信息采集。随着车间自动化水平的提升,制造系统采用大量的自动化设备,如数控机床、工业机器人、AGV、PLC等。大部分自动化设备具备了独立的控制系统终端,很多生产数据存储在该系统中,通过自动化设备终端提供的接口,MES能够获取很多需要的数据。另外,自动化设备上的控制系统本身大部分集成了通信接口或配套的通信模块。根据配套的通信协议,MES服务器端可以便捷地通过与自动化设备的控制系统通信而获取所需要的数据。

5.2 MES数据采集技术

数据采集是整个MES系统运行管理的基础,针对生产车间不同的数据采集对象,MES需要采用具有针对性的、适当的数据采集方法。MES系统中常见的数据采集设备有条码系统、RFID系统、工业级触摸屏、专用工位机(智能终端机)、移动平板电脑以及智能手机等。

5.2.1 条码技术

1. 条码技术原理

条形码自动识别技术(简称条码技术)是在计算机技术与信息技术基础上发展起来的一门集编码、印刷、识别、数据采集和处理于一身的新兴技术。其核心内容是利用光电扫描设备识读条码符号,从而实现机器的自动识别,并快速准确地将信息录入计算机进行数据处理,以达到自动化管理的目的。

条码技术是为实现对信息的自动扫描而设计的,它是实现快速、准确而可靠地采集数据的有效手段。条码技术的应用解决了数据录入和数据采集的瓶颈问题,为物流和供应链管理提供了有力的技术支持。

条码由一组排列规则的条、空和相应的字符组成,其分为一维条码和二维条码。一维条码主要有EAN码、39码、库德巴(Codabar)码等。其中,EAN码是国际物品编码协会制定的一种商品用条码,全世界通用。我们日常购买的商品包装上所印的条码一般就是EAN码。一维条码所携带的信息量有限,如商品上的条码仅能容纳13位阿拉伯数字(EAN-13码),更多的信息只能依赖商品数据库的支持,离开了预先建立的数据库,这种条码就没有意义了,因此在一定程度上也限制了条码的应用范围。图5-1(a)所示是EAN一维码示例。

20世纪90年代,人们发明了二维条码。它具有信息量大、可靠性高、保密、防伪性强等优点,主要有PDF417码、Code49码、MaxiCode码等。二维条码作为一种新的信息存储和传递技术现已应用在国防、公共安全、交通运输、医疗保健、工业、商业、金融、海关及政府管理等多个领域。图5-1(b)所示是PDF417二维条码示例。

图 5-1 条码示例

(a) EAN 一维条码；(b) PDF417 二维条码

条码系统是一种集成式的数据存储系统。条码实际上是有唯一性的一串字符，真正的信息写在数据库里。这种识别方式的优点是成本较低、简单方便。缺点是对通信的要求很高，因为每个信息读写点必须从主机获取数据，而且所有的信息都存储在数据库里，要求有大容量的数据库和高速度的主机，此外通信线路的错误将会导致生产停止。

2. 条码技术应用

利用条码技术能有效地解决 MES 中数据录入和数据采集的瓶颈问题，可以帮助企业极大地提高生产作业效率和管理水平。条码在在制品跟踪与管理上的应用主要有以下优势：①实时、精确地统计和查询生产数据，为生产调度等提供依据；②快速、准确地跟踪和管理在制品的生产过程，并能在计算机上显示出来，使我们能够找到生产中的瓶颈；③减少了生产数据统计人员繁重的数据收集与统计工作；④提供完整的品质跟踪手段，对检验中的不合格产品能记录下是人为问题还是其他问题，提供实用的分析报告。

条码标签作为物料（外购件，自制零件、部件，成品）在生产过程中的唯一识别标识，用于生产过程中的生产报工、质量检测、在制品跟踪、信息查询等。物料条码标签作为库存物料识别标识，用于物料收发和防错等。图 5-2 列举了 3 种常见的条码应用场景。

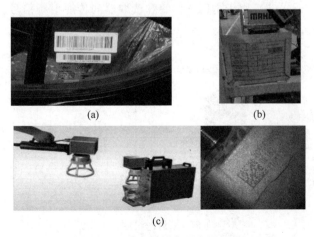

图 5-2 3 种常见的条码应用场景

(a) 粘贴条码标签；(b) 条码标签放置于容器上；(c) 打标机直接对零件标识

MES 系统可以根据不同用途的条码设置不同的条码规则,系统会根据不同的规则生成各式各样的条码。系统可将常量、日期、系统变量、流水号灵活组合形成条码,如常量+"-"+日期+"-"+流水号,即 SER-20140429-0000882。通过条码,可将系统所涉及的关键信息条码化,实现快速扫码报工,跟踪物料流转。同时,通过系统数据集成传输的方式,可减少由于手工输入带来的错误和不能及时同步和更新的问题。

5.2.2 RFID 技术

1. RFID 技术原理

无线射频识别(radio frequency identification,RFID)常被称为感应式电子晶片或接近卡、感应卡、非接触卡、电子标签、电子条码等。RFID 技术是一种非接触式的自动识别射频技术,它通过射频信号自动识别目标对象并获取相关数据,识别工作无须人工干预,可工作于各种恶劣环境。RFID 技术可识别高速运动的物体并可同时识别多个电子标签,操作快捷方便。作为一种非接触式信息采集技术,采用 RFID 进行信息采集不怕油渍、灰尘污染等恶劣的环境,在这样的环境中 RFID 可替代条码,例如在危险品仓库或车间生产流水线上跟踪物体。

如图 5-3(a)所示,一套完整的 RFID 系统由 4 部分组成:

(1) 标签(tag),由耦合元件及芯片组成,每个 RFID 标签具有唯一的电子编码,附着在物体上标识目标对象,俗称电子标签或智能标签。根据自身是否带有电源、是否能够主动发射某一频率的信号,将标签分为有源标签(主动标签)和无源标签(被动标签)2 种。

(2) 读取器/读写器(reader/writer),用于读取(有时还可以写入)标签信息的设备,可设计为手持式或固定式。

(3) 天线(antenna),用于 RFID 标签和读取器间传递射频信号。

(4) 数据传输和处理系统。

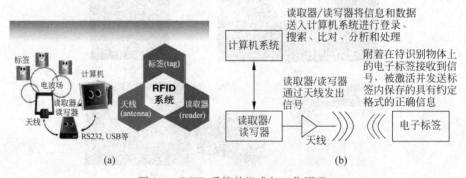

图 5-3 RFID 系统的组成与工作原理
(a) RFID 系统的组成;(b) RFID 系统的工作原理

如图 5-3(b)所示，RFID 系统的工作原理为：电子标签进入接收天线的磁场射频范围后，自动接收 RFID 天线发射的电磁波信号，则标签内部生成感应电流，激活标签内置天线的工作状态，反馈出标签芯片中的产品身份信息；RFID 读写器通过读取反馈数据信息并对其进行解码操作后，将整理好的信息传送给信息管理系统进行相关数据的储存和处理。

2. RFID 技术应用

RFID 技术在制造业中得到了广泛应用。基于 RFID 系统可提供不断更新的实时数据流，可用以保证正确使用劳动力、机器、工具和部件，从而实现无纸化生产和减少停机时间，以保证可靠性和高质量；搜集如产品标识符、物理属性、订货号等信息，自动建立支持质量保证体系所要求的质量跟踪和工作历史文档，实现复杂的批次跟踪。特别是在混合装配线生产中，能准确无误地将装配零部件送达指定区域，从而减少出错率。

RFID 在制造车间数据采集、制造过程实时跟踪与产品质量回溯等方面应用的优势日趋显著，被认为是最具潜力且在制造信息化中发挥巨大作用的技术革新。在车间生产制造过程中，RFID 主要应用于工件自动识别管理、生产过程控制、智能物件跟踪定位等。工件自动识别管理是指对于按订单生产的制造过程，须及时准确地识别出生产线上的工件信息，以保证在正确的工位装配正确的零部件。生产过程控制可以细分为生产状态监控及可视化、闭环生产计划及控制、车间物流控制优化等几个方面。智能物件跟踪定位是指通过 RFID 技术跟踪这些绑定 RFID 标签的智能物件的过去、现在和未来的潜在状态信息并加以利用和处理。

应用 RFID 技术能够实现产品从原材料到最终成品的全面跟踪。例如，基于 RFID 实现发动机装配过程的数据采集与监控。在汽车发动机装配线中，每一个发动机托盘上配有 RFID 存储器，每个工位配有 RFID 读写头，存储器用于记录在各工位获取的装配信息：发动机的唯一序列号（发动机号）、发动机加工生产过程中的事件及其时间、发动机各关键零部件的批次编号、发动机装配过程中的测试数据和拧紧力矩等。在发动机总成的下料工位，由读写头读出存储器中保存的信息，送入中央控制室数据管理服务器进行存储和管理。这样，RFID 系统建立的生产过程记录将为今后的查询和检索提供可靠的数据，同时也建立了每台发动机的发动机生产过程及其零部件的追溯体系。汽车总装生产中的车身识别与跟踪系统（AVI）是 RFID 技术的另一个典型应用。该系统能够自动识别每台车所包含的客户要求，以便组织生产。比如白车身来到涂装车间时，控制系统应能够通过基于 RFID 的车辆识别确定车身被要求的颜色，自动转换喷头；当车身从涂装车间进入总装车间时，车辆识别系统应能够根据车身信息打印装车清单，提示操作工根据不同的车辆安装不同的选件；当车辆下线时，车辆识别系统将读取车辆实际被加工的信息，将其制作成报表并汇报给管理层。

根据 RFID 在 MES 中的应用模式,可以归纳成以下 4 种普适的应用场景。

(1) 基于固定 RFID 读写器/天线的固定探测空间控制模式：在固定 RFID 探测空间内,安装于固定工位处的固定 RFID 读写器/天线探测 RFID 贴标物体的"进入/离开"事件。

(2) 基于固定 RFID 读写器/天线的移动探测空间控制模式：在移动 RFID 探测空间内,安装于运输小车、库存叉车等的车载 RFID 读写器/天线探测 RFID 贴标物体的"进入/离开"事件。

(3) 基于固定 RFID 读写器/天线的门禁控制模式：在进出门禁或固定探测点,固定 RFID 读写器/天线探测 RFID 贴标物体的"进入/离开门禁"事件。考虑到这两个事件发生的瞬时性,可将其融合成一个"经过门禁"事件。

(4) 基于移动 RFID 读写器/天线的随机探测空间控制模式：利用手持式 RFID 读写器(含天线)对 RFID 贴标物体进行随机的状态跟踪,既可以在固定 RFID 探测空间(如在固定工位通过手持式 RFID 读写器扫描获取物体的状态信息),也可以在移动 RFID 探测空间(如在仓库中通过手持式 RFID 读写器扫描定位目标物体并读取其状态信息)。

图 5-4 给出了制造车间中对应上述 4 种场景的 RFID 应用案例。其中,案例一为固定工位的 RFID 应用；案例二为 AGV 或运输小车的 RFID 应用；案例三为跨企业门禁和传送带固定工位的 RFID 应用；案例四为库存管理中物料盘点时的 RFID 应用。

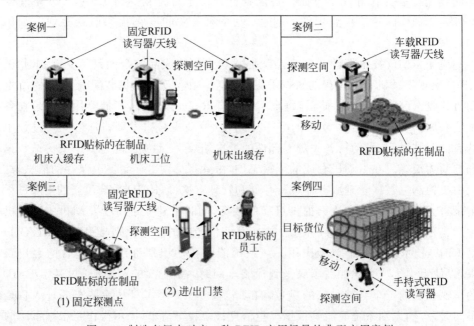

图 5-4　制造车间中对应 4 种 RFID 应用场景的典型应用案例

5.2.3 OPC 技术

以上介绍的数据采集方式都是针对车间生产信息方面的数据采集。MES 还有一类数据采集是针对生产现场设备装置的,即针对设备控制系统(device control system,DCS)的数据采集。特别是在流程工业中,针对 DCS 的数据采集是 MES 系统运行的重要基础。而在离散工业中,一般通过 DNC/MDC 技术实现数控设备集成与数据采集。

面向过程控制的 OLE(OLE for process control,OPC)是实现 DCS 数据采集的标准接口与重要技术手段。OPC 技术是指为了给工业控制系统应用程序之间的通信建立一个接口标准,而在工业控制设备与控制软件之间建立统一的数据存取规范。它给工业控制领域提供了一种标准数据访问机制,将硬件与应用软件有效地分离开来,是一套与厂商无关的软件数据交换标准接口和规程,主要解决过程控制系统与其数据源的数据交换问题,可以在各个应用之间提供透明的数据访问。OPC 诞生之前,硬件的驱动器和与其连接的应用程序之间的接口没有统一的标准,软件开发商需要开发大量的驱动程序来连接这些设备。即使硬件供应商在硬件上只做了一些小改动,应用程序也可能需要重写。在 OPC 提出以后,这个问题终于得到解决,它实现了不同供应厂商的设备和应用程序之间的软件接口标准化。数据用户不用再为不同厂家的设备数据源开发驱动或服务程序,OPC 会将数据来源提供的数据以标准方式传输至任何客户机的应用程序。

图 5-5 展示了基于 OPC 技术的 DCS 设备数据访问方式。在该方式中,任何一种设备只需要提供一种驱动程序就可以供任何软件系统使用。系统构建完成后的最终结果是:①M 个软件要使用 N 类硬件设备只需要开发 N 个驱动程序。②每增加 1 个新的应用软件不需要另外开发硬件设备的驱动程序。③每增加 1 个新的硬件设备只需要开发 1 个新设备的驱动程序。例如针对 4 种控制设备所完成的 3 个应用系统一共需要开发 4 种驱动程序。新增应用软件或者硬件设备可灵活地扩展系统。另外,基于 OPC 的数据访问方式还具有如下优点:①高速数据传送性能;②基于分布式 COM 的安全性管理机制;③较低的开发成本;④高可靠性。

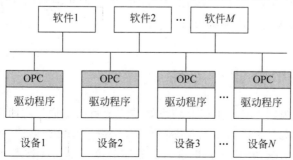

图 5-5 基于 OPC 技术的 DCS 设备数据访问方式

图 5-6 所示是一个基于 OPC 技术可以实现 MES 系统中针对 DCS 的设备数据采集、MES 内部以及 MES 与上层 ERP 系统和设备底层 PCS 的数据交互与信息集成框架。在该框架中，由 OPC 服务器向 COM 对象提供标准接口，允许 OPC 客户端应用以一致的方式交换数据和控制命令，以相同的方式访问 OPC 服务器，无论这些服务器是连接到 PLC、工业网络还是其他应用程序。在这个体系结构中，作为核心的 OPC 相当于一块"软件主板"，它能够直接连接现场的 PLC、工业网络、数据采集和 Windows CE 设备，通过快速有效的方式从现场获取实时数据。而 MES 等软件之间按照 OPC 协议进行通信，它们可以通过 OPC 获取现场的实时数据，也可以通过 OPC 彼此交换信息。所以 OPC 为企业内部的信息交换提供了一个开放平台。这种基于 OPC 技术的信息交互不再受设备生产厂家的限制，现场设备中的实时测量控制信息被 MES 实现共享，经处理后传送至 ERP；而存放于 ERP 的产品工艺和生产计划信息则由 MES 处理后写入现场设备，实现管理与控制一体化。

图 5-6　基于 OPC 技术的数据交互方式与信息集成框架

为了更好地应对标准化和跨平台的数据接口与信息集成趋势，近些年来，OPC 基金会在 OPC 成功应用的基础上推出了一个新的 OPC 标准——OPC UA，即 OPC 统一架构，让数据采集、信息模型化以及工厂底层与企业层面之间的通讯更加安全、可靠。我国已于 2021 年开始实施《基于 OPC UA 的数字化车间互联网络架构》国家标准（GB/T 38869—2020），该标准适用于数字化车间设备层、控制层和车间层互联网络的架构设计与系统集成，为数字化车间网络的互联互通与互操作提供基于 OPC UA 的统一解决方案。

5.3　MES 生产监控系统

以离散制造为例，MES 生产监控系统的主要目的是通过实时采集生产车间各个工序和机台的实时生产数据及状态，对产品生产过程进行监控，图形化分析和汇总生产计划达成情况，并统计分析机台的开工效率。通过生产数据的实时分析处理反映车间生产的实时状态，从而提高生产系统的可控性，改善和优化企业的生产过程管理,实现对车间生产系统的优化控制。

5.3.1 MES生产监控系统架构

MES生产监控系统通过对车间生产现场数据进行采集、处理及分析,实时监测和检查生产计划执行情况,发现和及时纠正生产过程出现的偏差,达到对生产进行有效控制的目的。车间生产监控系统由底层数据采集子系统、通信网络子系统、数据存储子系统和数据分析处理子系统组成。

MES生产监控系统的基本功能包括:

(1) 数据采集功能。提供常见信号的输入接口,能够对生产过程数据及机台状态进行实时采集,并进行初步处理。

(2) 现场交互功能。生产机台现场应具有人机交互功能,以便操作人员进行机台故障报告,接收并选择生产任务。

(3) 图形化监测功能。采用图形化界面,提供给车间管理人员直观方便的监测手段。

(4) 现场组网功能。现场数据采集器应具备组网接口,通过其组网功能,可将车间的所有设备组成一个网络化的设备监控系统。通过适配卡连接的上位机 PC 对处于网络中的设备进行集中监控和管理。

MES生产监控系统架构如图 5-7 所示。该系统架构在结构上分为 3 层:底层数据采集层、现场通信网络层、车间生产管理层。底层数据采集层主要通过安装在设备上的现场数据采集器实现对设备的自动化监测,属于整个系统的最底层。现场数据采集器节点对各种输入信号进行处理,根据程序的设定,对各种输出执行机构进行控制,以此完成该节点的监控任务。现场通信网络层负责系统的现场数据通信,实现设备节点间以及上位机和下位机节点间的数据通信。车间生产管理层

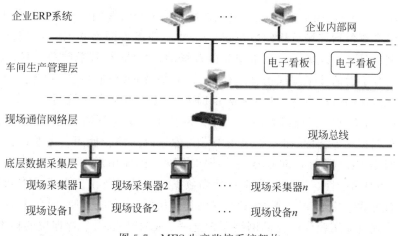

图 5-7 MES生产监控系统架构

通过企业内部网与企业 ERP 系统相连,以实现其与 ERP 系统的无缝连接。同时,车间生产管理层负责对设备的运行状况进行实时监控和数据处理,并可根据生产需求生成各种生产报表。生产现场电子看板可采用多屏显示卡或以太网扩展。

5.3.2　MES 生产监控系统网络技术

1. MES 生产监控系统网络的类型

MES 生产监控系统网络是将企业计划层和车间执行层以及设备层有机联系在一起的通信网络,MES 通过该网络实时采集生产现场的各类生产数据。为保障车间生产监控系统内部、车间生产监控系统与企业管理层之间具有良好的通信,MES 通信网络应具有满足系统要求的带宽,并能实现双向通信。每一个网络节点均能获得其需要的信息,同时也能将节点采集的生产信息发布出去。

MES 生产监控系统网络应具备以下功能:

(1) 双向性。应支持节点间的双向通信,即每一个节点在工作需要时都可以接收和发送信息。

(2) 多节点。应能挂载一定数量的节点。车间的特点就是机台多、人员流动大以及物料转移频繁等,这些都要求现场通信网络能够挂载足够的节点。

(3) 优先级。在现场通信网络中流通着不同类别的信息,网络结构应该具有裁定各信息优先级的功能,以保证重要的信息优先处理。

(4) 可靠性和实时性。由于信息的错误或者延时都有可能带来不必要的损失,因此应保证网络安全可靠、及时快速,并且一旦某一节点发生故障,网络还能正常工作。

(5) 可维护性。根据企业的需要,车间的机台或生产的产品有可能发生变化,当减少节点或者有新的节点需要加入网络时,网络应不需要或者只需做很小的改动。

应用于工业现场的 MES 生产监控系统网络分为有线网络和无线网络两大类。有线网络主要包括现场总线网络(field bus)、工业以太网络和 RS485 网络等。现场总线网络是基于现场总线技术组建的现场测控网络,现场总线是一种应用于工业现场的数字通信技术。现场总线有 40 余种,常用的现场总线有基金会现场总线(foundation field bus,FF)、Lonworks、PROFIBUS、控制器局域网(controller area network,CAN)等。工业以太网络是以太网技术在工业领域的应用,由于其低成本和高传输速率等特性,在工业现场中常与现场总线结合使用。工业以太网标准与以太网 IEEE 802.3 标准兼容,但根据工业网络的应用需求,工业以太网应满足实时性、环境耐受性、可靠性、抗干扰性和数据安全性等要求。由于大多数仪器仪表的接口方式采用 RS485 或 RS232,又因其价格低廉、实施方便,因此 RS485 网络也是工业现场应用较为广泛的网络系统之一。RS485 是一个物理层的标准协议,可以承载多种现场总线协议。它采用平衡发送和差分接收,最大的通信距离约为

1 200m(在 100kb/s 传输速率下),极限传输速率为 10Mb/s。RS485 网络的数据通信能力相对于现场总线或工业以太网较弱,但因其具有较强的抗干扰性能,且系统价格低廉、布线操作简单,因此也广泛应用于工业现场的数据采集组网中。无线通信网络则由于有效避免了有线网络的布线难题,为布网复杂区域实施网络控制提供了解决方案。应用较为广泛的无线通信技术包括 Bluetooth(蓝牙)、WLAN(无线局域网)、UWB(超宽带)和 ZigBee 等短距离无线通信技术,以及 4G/5G 网络移动通信技术等。

2. 基于 ZigBee 的无线传感器网络

ZigBee 技术是一种成熟的应用于短距离和低速率下的无线通信技术,其特点是小范围、低能耗,适用于各类智能化控制或者远程控制。又因为其低复杂度和低成本,在小型无线联网且需要控制成本的控制系统中大受欢迎。使用 ZigBee 技术组网的两个节点之间的传输距离虽然较近(只有 70m 左右),但是在一个网络中可布置几千个节点,每个节点间可以互相传递数据。类似一个蜂窝系统,这样信息在节点间相互传递,使得节点间的通信距离可以无限扩展。ZigBee 网络以其较低的功耗、较大的网络容量以及可靠的安全性并与 RFID 结合非常适用于 MES 车间环境。

ZigBee 网络可采用星形(star)、树形(cluster-tree)、网状(mesh)等多种拓扑结构,如图 5-8 所示。

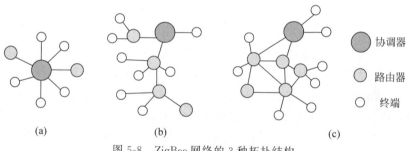

图 5-8 ZigBee 网络的 3 种拓扑结构
(a)星形结构;(b)树形结构;(c)网状结构

(1)星形拓扑结构。星形拓扑结构是由一个节点呈向外散发状,子节点全部围绕在该节点周围。中间的父节点是协调器,周围的子节点通信都要通过中间的父节点。周边的子节点可以只用作接收和发送信息的终端设备,也可以是功能较为完备的路由器。星形网络的优、缺点很明显,其优点是构造简单,布点容易,维护也非常方便;缺点则是通信都要通过中心节点,中心节点压力较大,信息交流性不强。

(2)树形拓扑结构。将多个简单的星形网络呈树状连接起来,最上面的中心节点被用作整个网络的协调器,其余中心节点用作路由器,这样就构成了树形拓扑网。树形网络的特点是易于拓展,寻点便宜。

(3)网状拓扑结构。网状拓扑结构较上述 2 种拓扑结构有着更加丰富的选择和变化,路由器之间可以自由通信。任意节点间需要通信时可以寻找一条最优路径,减少了通信时间,缺点是该结构需要配备足够大的存储空间。

ZigBee 网络由 ZigBee 协调器、ZigBee 路由器和 ZigBee 终端组成,协调器和路由器必须为全功能设备,网络由协调器发起,并由协调器分配 64 位网络地址。在 MES 生产监控系统中,将 ZigBee 与 RFID 技术相结合,大大扩展了 RFID 的工作范围与目标对象的读取距离。图 5-9 所示是与 RFID 技术结合的车间 ZigBee 无线网络结构。

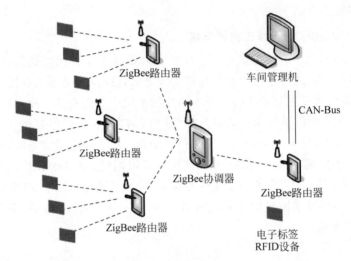

图 5-9 与 RFID 技术结合的车间 ZigBee 无线网络结构

与 4G/5G 无线网络相比,ZigBee 的最大优势在于其信号传递不需要通过通信基站,ZigBee 的每一个网络节点(不包括简单功能的设备终端节点)具有数据转发和连接网络的作用,这在 ZigBee 网络中起到了与基站类似的作用。因此,相较于 4G/5G,基于 ZigBee 的无线网络更适用于 MES 生产监控系统。4G/5G 主要用于大型网络,造价较高,在工业领域中较常用于设备异地的远程监控,或地域分布广泛的监控系统。而 ZigBee 网络可以根据使用者的实际需求,在监控车间区域灵活布点,适用于一定范围的网络设计,并且 ZigBee 更具有可靠、实时、维护简单等优势。在运行成本方面,现有的 4G/5G 网络需持续支付使用费,其终端成本也不低。而 ZigBee 设备,特别是网络中的终端设备节点(只作接收和发送数据用)成本低廉。此外,ZigBee 开发技术成熟,维护更简单。

ZigBee 无线网络与传感器技术相结合就形成了基于 ZigBee 的无线传感器网络(wireless sensor networks,WSN)。无线传感器网络是一项通过无线通信技术把大量传感器节点进行自由组织与结合而形成的网络形式。它实现了数据的采集、处理和传输 3 种功能,能够协作地感知、采集、处理和传输网络覆盖区域内被感知对象的信息,并最终把这些信息发送给网络的所有者。无线传感器网络支持众多类型的传感器,ZigBee 无线网络与制造车间中的各类传感器结合形成的无线传感器网络可以自动采集和监测车间生产环境信息,如温度、湿度、噪声、光照、电磁、机床状态、物料位置、人员状态等,为 MES 车间生产管理与实时过程管控提供了有效支持。

5.4 车间物联网技术及其应用

5.4.1 物联网技术简介

物联网(internet of things,IoT)是指通过信息传感设备(如 RFID、红外感应器、GPS、激光扫描器等),按照约定的协议,把任何物品与互联网连接起来进行信息交换和通信,以实现智能化识别、定位、跟踪、监控和管理的一种网络。物联网是在互联网基础上的延伸和扩展,作为物与物相连的互联网,物联网是物体之间交换数据的平台。物联网不是互联网,但其基本理念还是来源于互联网。互联网是人与人之间的联络,而物联网则延伸到了任何物品之间进行通信和信息交换。

如图 5-10 所示,车间物联网由感知层、网络层、应用层构成。感知层用于获取网络工作所需要的信息,类似于人的五官和皮肤。在 MES 中实际应用的传感设备很多,如条形码读写器、RFID、摄像头、机床振动传感器、温度传感器等。网络层是物联网中的处理器,类似于人的神经中枢和大脑。接收采集系统送来的数据之后,它的工作就是信息转发或处理。应用层是网络与使用者之间沟通的渠道,网络设计者根据分析的实际需要,设计满足用户需求的智能系统。

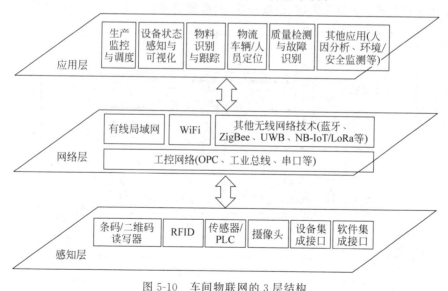

图 5-10 车间物联网的 3 层结构

车间物联网的关键技术有自动识别技术、设备集成技术、室内定位技术、网络通信技术、边缘计算技术等。下面分别加以介绍。

(1)自动识别技术。让机器自动识别物体对于自动化车间非常重要,此类物体通常包括在制品、零配件、刀辅具、人员等,条码(包括二维码)、RFID、机器视觉是最常见的3种识别方式。

（2）设备集成技术。常见的设备集成技术有DNC技术、OPC接口技术、设备集成平台等。

（3）室内定位技术。位置服务是车间物联网的重要应用场景，车间内部有许多物体存在定位需求，比如物料小车、在制品和零配件、刀辅具、人员等，常见的定位方式包括WSN、RFID、超宽带（ultra wide band，UWB）等。

（4）网络通信技术。车间的数据传递通常有2种形式：一是有线局域网，二是无线网络。常用的无线网络形式包括WiFi、蓝牙、ZigBee等。5G技术具有更高的速率、更宽的带宽、更高的可靠性以及更低的延时，未来能够满足数字化智能车间一些特定应用场景的需求。

（5）边缘计算技术。边缘计算就是靠近物联网边缘的计算、处理、优化和存储。基于边缘计算技术，物联网中的许多控制将通过本地设备实现而无须交由云端，处理过程将在本地边缘计算层完成，这无疑将大大提升处理效率，减轻云端的负荷，为用户提供更快的响应服务。

5.4.2　基于车间物联网的MES生产监控系统

基于车间物联网可以构建一种如图5-11所示的MES生产监控系统框架。该框架由3层组成：数据采集层、现场操作层、数据管理层。

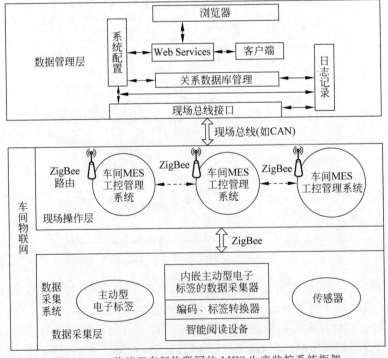

图5-11　一种基于车间物联网的MES生产监控系统框架

(1) 数据采集层。数据采集系统实现数据的采集,初始化之后可通过 ZigBee 路由器对外置式电子标签的数据进行读写操作。在目标对象(如物料、人员等)进入网络时,有指示功能,告知标签的载体已进入网络。操作人员在接近需操作的机台时,有提示信息。非工作状态时,可将电子标签置于休眠状态,以减小功耗。

(2) 现场操作层。MES 现场操作层提供现场操作平台,具有参数配置、故障上报以及任务请求等功能具体如下:①操作界面,可操作机台的运作,查看机台的当前工作状态及历史信息。②故障上传,如机台停转、产速异常等状况能及时反映至上位机。③任务请求,机台闲置时可申请下一步任务。④信息比对,当物料或人员接近时可读取其外置式电子标签信息,并判断是否是该机台的物料或操作人员。⑤数据写入,物料经该机台加工成半成品后,可对该半成品的外置式电子标签进行读写,如物料为铜丝,加工后写为双绞线。⑥参数配置,当现场生产环境发生变化时,只需要进行相应的参数更改和配置即可。

(3) 数据管理层。上位机 MES 数据管理层通过数据库实现生产数据的集中管理,以及生产管理的分析统计。具体如下:①状态监控,结合图形和数据,实时显示车间的工作状态。②计划管理,可观察车间机台的任务完成状况及分配新的任务。③通信管理,对网络进行配置,如 CAN 网络的波特率等。④数据库管理,保存历史数据,支持查询功能。⑤故障处理,观察机台的实时和历史故障信息,发送故障处理指令。⑥统计分析,根据历史记录,对产品和机器等信息做出统计分析,并以图表的形式显示,供管理者参考查询。⑦日志记录,记录车间及系统的每日工作状态,生成日志。

应用上述基于车间物联网的 MES 生产监控系统,可以进行现场数据采集、产品质量追溯等工作。

1. 现场数据采集

在人员数据采集方面,可通过数据采集系统将每个工作人员的各种信息、当天任务、所要操作的机台等数据存放在车间管理数据库中。具体可采取 2 种采集方法:一是人员的衣服上挂载 ZigBee 外置式电子标签,当其接近机台时,可与机台的智能现场采集器互相感知。外置式电子标签发送该人员的工号至采集器,采集器作为 ZigBee 网络的路由器发送人员工号给协调器,协调器通过 CAN 总线访问车间管理系统询问该工号人员今天的工作任务。如果该工作人员需操作该机台,机台实时显示当前生产任务、机台的计划产量和任务预计完成时间等数据。二是人员在进入车间时,在车间入口处,由数据采集器告知其今天的工作任务和工作机台号等信息,信息存放在外置式电子标签内。当人员接近机台时,机台的智能现场采集器读取信息。

在物料数据采集方面,当物料上架后,物料的电子标签被激活,物料的生产信息被传送至现场智能采集器。当物料的生产信息不符合当前任务要求时,现场智能采集器发出警报信息;当该物料在该机台上加工完成后,该机台的生产信息被写入电子标签,并随电子标签转入下一道工序。

在设备数据采集方面,设备数据包括设备参数和设备状态,譬如当前机器的运转速度、设备温度控制以及加工产品的质量曲线等。设备参数的采集可通过现有或新增的传感器实现,设备状态的采集可通过接入设备动作的开关触点信号实现。以机器转速数据的采集为例,可采用接近开关或编码器实现机器转速的采集。首先,将接近开关放置在机器轮轴旁边,轮轴每转动一圈,接近开关便发送一个脉冲信号给智能采集器;智能采集器通过读取脉冲再结合预设参数便可以计算出机器的当前转速。智能采集器设有触摸屏,可用来显示或输入机器转速。

2. 产品质量追溯

基于物联网现场智能感知的方法,可实现产品质量数据管理及追溯,具体方法如下:①生产现场每种物料均采用独立的电子标签进行标识。②当原材料入库后,电子标签记录原材料的入库数据,包括供应商、日期、材料批号等。③原材料进行加工时,该原材料的电子标签中的数据被传送至现场智能数据采集器。加工结束后,原材料数据和加工数据一起被传送至半成品的电子标签中。④半成品在下一道工序加工时,其电子标签数据被传送至现场智能数据采集器,在加工结束时可获得原材料数据、本工序前的所有加工数据以及本工序加工数据,这些数据被传送和存储到本工序的半成品电子标签中。⑤以此类推,待成品生产任务结束时,其电子标签中保存有该成品的全部生产信息。待成品入库时,其电子标签中的信息被保存至库存数据库中。⑥当产品出现质量问题时,通过销售记录查找出库记录,即可查出该产品的全部生产信息,从而实现产品质量的全过程记录及追溯。

MES生产监控系统案例

第 6 章

MES产品与应用实施

本章主要介绍离散工业与流程工业的行业差异以及对应两大行业的 MES 产品特点及其体系结构,简要说明 MES 产品的形成途径、实现策略与平台选型原则,介绍 MES 项目实施方法。

6.1 MES 产品概述

国内外 MES 产品的形成途径主要有以下 4 种:第一种是底层自动化设备厂商将其 HMI/SCADA 系统向上层扩展,增加生产管理功能而形成的,如 Siemens、GE Fanuc、Rockwell、Honeywell 等公司的 MES 产品。该类产品的主要优点是信息采集手段全面,易于实现设备实时状态的采集与监控。第二种是 ERP 软件厂商将其应用软件向下层延伸,增加车间生产管控功能而形成的,如 SAP、Oracle 等公司的 MES 产品。这类产品的主要优点是生产计划功能完善,能与其 ERP 系统实现全面的信息集成。第三种是信息技术类公司对其车间管理软件功能进行自我扩展和延伸,如开目、CAXA 等公司的 MES 产品。这类产品的优点是能够较全面地满足车间层生产管理功能的需求,车间层计划调度功能较为完善,具有较强的车间生产动态调度能力。第四种是高校、科研院所或大型企业承担的有关 MES 科研项目逐步发展成为较通用的 MES 产品,如源自华中科技大学的艾普工华 MES、源自上海宝钢的宝信 MES、源自中国石化的 S-MES 等产品。这类产品的特点是面向特定行业,专业性和实用性较强,而且随着其平台化技术的不断发展与成熟,通用性不足的缺陷亦已得到很大改善。除上述 4 种途径外,还有一些独立的 MES 开发商。目前,MES 产品的平台化是 MES 的主流产品形态及发展趋势,即采取在 MES 平台的基础上进行客户化配置与定制开发的产品模式。

对应制造业中的两大行业——离散工业与流程工业,MES 产品分为离散型 MES 和流程型 MES 两大类。

6.2 MES 产品体系结构

本节首先介绍离散工业与流程工业两大制造行业的行业差异,然后分析流程型与离散型 MES 的主要功能差异,并在此基础上分别提出离散型和流程型 MES 产品的体系结构。

6.2.1 离散工业与流程工业行业差异

制造行业主要分两大类:离散工业和流程工业。离散工业主要是通过对原材料的物理形状进行改变或组合,使其成为产品并增值。离散生产中的物料呈离散状态,主要经物理加工和组装实现产品的工业生产。流程工业则主要是采用物理或化学的方法对原材料进行混合、分离、粉碎、加热等工业生产,使原材料增值。除了启停及异常情况外,流程工业生产中的物料呈连续状态通过整个生产流程。机械、汽车、电子、家用电器、造船、航空航天等制造行业属于典型的离散工业;冶金、化工、石油、天然气、水处理、电力、造纸等制造行业属于典型的流程工业。除此之外,还有一类上述两者的混合型,如食品、饮料、制药、烟草等制造行业,但在 MES 分类中一般把它们归于流程工业。流程工业与离散工业在产品结构、工艺流程、生产组织等诸多方面都存在明显的行业差异,具体见表 6-1。

表 6-1 离散工业与流程工业的行业差异

序号	差异方面	离散工业	流程工业
1	产品结构	基于 BOM 进行产品结构管理。最终产品由多种物料装配组合而成,并且产品与所需物料之间有确定的数量关系,生产过程只是物料的形状和组合发生改变	以配方为核心进行产品结构管理。上级物料和下级物料之间的数量关系往往不是很固定,可能随温度、压力、湿度、季节、人员技术水平、工艺条件的不同而不同
2	生产流程	并行、异步生产。可通过缓冲区或库存等方式调节设备间生产能力的差异,使生产流程能够并行、异步进行。但由于决定生产进程的关键路径会动态变化,增加了生产调度和协调的复杂性	同步、串行生产。为便于产品加工和输送,设备间一般通过管道等相互衔接,按照串行方式在物理上形成固定的生产路径,设备间同步要求较高,生产进度往往通过一个或几个主变量控制
3	工艺流程自动化水平	一般采取多品种、小批量生产模式,因此生产设备的布置往往不是按产品而是按照工艺进行布置。产品质量和生产率很大程度依赖于工人的技术水平,整体自动化水平相对较低,自动化主要在单元级	生产特点是品种固定、批量大、生产设备投资高,工艺流程往往按照产品进行布置。生产线上广泛采用 PCS,生产过程大多是自动化的,车间生产人员的主要工作是管理、监视和设备检修

续表

序号	差异方面	离散工业	流程工业
4	设备功能	设备功能冗余度大。可以通过数控机床等设备的柔性实现多种加工功能,因此单台设备故障对整个产线的影响相对较小,但设备功能冗余增加了生产调度的复杂性	设备功能冗余度低。生产过程中的设备一般面向特定产品或加工环节,且以串行方式连接,一旦发生故障对生产影响大,因此要求具有对设备故障的预防和诊断能力
5	生产控制	控制量相对独立。制造过程主要通过位移、角度作为控制量进行物理加工,设备控制参数不受物料物性影响,设备间相对独立,生产过程中的设备控制相对简单	生产过程主要通过化学变化实现,主要控制量为温度、压力、流量等,不同生产场景的控制参数往往不同,而且控制量之间相互耦合,因此对流程中各个变量的控制至关重要
6	产线切换	切换代价小。流程切换不像流程工业那样存在复杂的停启和清洗过程,主要是加工程序的上载和刀具等工装的更换,切换代价较小	由于启动和停机的时间较长、控制复杂,且生产设备串行衔接、流程柔性弱,以及设备清洗耗费大等因素,使得生产切换的代价较大
7	资源管理	资源管理复杂。每个工序操作都可能涉及不同的物料、设备、工具及文档等资源,资源的管理和协调比较复杂	由于产品和物料种类及工艺流程比较固定,资源管理相对简单,但对安全和污染以及能耗的控制要求高

6.2.2 离散型与流程型 MES 功能差异分析

对应制造业中的两大主要工业类型,MES 产品主要分为离散型 MES 产品和流程型 MES 产品。流程型 MES 和离散型 MES 在产品结构管理、生产计划与执行、作业调度与任务派工、过程管理与控制、数据采集与生产监控、物料管理与追踪、质量管理以及维护管理等方面存在着显著的差异。因此,在 MES 应用中,需要根据各自的特点进行综合分析,在 MES 系统具体实施上,要根据行业特征区别对待。

流程工业与离散工业的行业差异体现在具体的 MES 产品上,则表现为其 MES 功能或侧重点的差异。表 6-2 列出了流程型 MES 与离散型 MES 的主要功能对比。

总之,鉴于离散工业与流程工业各具特点,它们在 MES 功能需求上的侧重点有所不同。相对于离散工业,流程工业的设备与工艺自动化程度较高,因此流程型 MES 往往以安全、稳定、低耗、质量、收率等为生产管理与控制的重点优化目标,对过程自动化和管控信息化程度要求较高。而离散工业由于设备与工艺具有较大的柔性,因此对生产计划调度与现场管控的要求较高,往往以生产效率、订单交付、制造柔性、生产成本与产品质量等为主要管控与优化目标。

表 6-2 流程型 MES 与离散型 MES 的主要功能对比

序号	功能	离散型 MES	流程型 MES
1	流程管理与控制	通过对流程的离散事件动态监控，自动纠正生产操作或提供决策支持，以实现生产调度要求；在出现意外或生产进程偏离调度太远时，及时报警相关人员，使其采取相应的措施。 功能举例：现场管理、例外管理、防错漏装管理、安灯系统	与数据采集、质量管理、底层控制系统进行实时通信；以控制层的基础控制能力为基础，提供各种控制算法，实时监控生产动态过程，按调度要求安全、稳定地进行；提供对生产失控或出现故障的实时报警，并能采取相应的紧急措施。 功能举例：操作管理、物料平衡、巡检管理、能源管理
2	生产调度与任务分配	根据工厂设备实际加工、传输、存储能力的变化，制订并优化生产的具体流程及各设备的详细操作顺序；为了提高生产柔性，生产任务根据生产执行具体情况、设备状况，结合资源配置和管理进行现场动态分配，因而一般分为 2 个模块。 功能举例：作业排序、工序调度、动态调度	根据生产计划、综合流程实际能力、物料与能源供应、预防维护及切换代价等因素，制定生产的具体班次安排、生产进度安排等。由于产品的生产周期长、切换较少，以及流程设备冗余小，所以各任务的加工设备往往在调度时已确定。 功能举例：计划排产、操作调度、综合生产指标优化
3	资源配置与状态	提供各种资源的实时状态，与任务分配紧密协调，为各生产单元配置工具、设备、物料、文档等资源，保证各操作按调度要求准备和执行。 功能举例：机床管理、工装管理、刀具管理	由于生产存在波动变化特性，为了保证生产连续、顺利地进行，这一功能一般包含于流程管理与控制中。 功能举例：装置管理、储运系统管理、资产管理、检测仪器管理、燃料管理
4	物料管理	管理原材料、在制品、零部件、工具、辅料等物料的配送、缓冲与储存，建立每种物料完整的族系图。 功能举例：在制品管理、配送管理、齐套性管理	通过跟踪物料在工厂的流动和转化情况，识别并立即准确回答任何质量问题。 功能举例：物流跟踪、物料平衡、收率管理、化工辅料管理、配方管理
5	质量管理	跟踪产品原料、各加工部件的设备、操作人员、批次等，为产品的使用、改进设计及质量管理提供依据；根据检测结果确定产品问题，提供相应的决策支持。 功能举例：质量定义、缺陷管控、在制品跟踪与追溯、统计过程控制（SPC）	将直接或间接质量检测及分析结果实时反馈到相应的模块，保证产品符合行业标准和客户要求，跟踪产品原料的相关信息、生产控制参数和配方、质量检测结果及相关的批次、编号和数量等。 功能举例：质量指标管理、制程检验、批次追溯、实验室信息管理系统（LIMS）

续表

序号	功能	离散型 MES	流程型 MES
6	维护管理	管理和指导设备、工具的维护活动,确保其可用性。 功能举例:维修保养、备件管理、设备 OEE 分析	管理和指导设备、工具的维护活动;根据采集的生产数据进行故障分析和诊断。 功能举例:故障诊断管理、日常维修管理、设备状态监测
7	文档管理	管理产品的设计、操作流程、工艺说明等;根据任务分配,为生产单元提供相应的程序和信息等。 功能举例:BOM 管理、NC 文件管理、作业指导书	管理产品的配方、工艺流程、控制参数、相关行业标准、污染控制标准等。 功能举例:配方管理、规范管理、标准管理、安全管理
8	数据采集	获取各种操作、设备、物料、产品等数据,并汇总成其他模块/系统、管理者所需信息。 功能举例:RFID 数据采集、条码扫描数据采集	及时为其他模块提供所需数据,从工厂层实时地获取数据,并进行数据校正及格式转换等处理。 功能举例:OPC 数据采集
9	性能分析与模拟	通过资源利用率、资源可用性、产品生产周期等当前性能与参考性能的对比,作出相应的评估;通过模拟仿真为生产调度提供参考。 功能举例:生产绩效管理、统计分析	对产品的相关数据、能源耗费、设备的使用情况进行综合评估;依据获取的数据建立、修正生产模型,使其真实有效地反映实际生产过程,通过模拟分析改善控制效果。 功能举例:装置 KPI、能耗分析、成本分析

6.2.3 离散型与流程型 MES 产品体系结构

由前面的介绍和分析可知,离散型 MES 与流程型 MES 在业务功能方面具有较明显的差异和侧重,据此可以分别构建面向离散工业和面向流程工业的 MES 产品体系结构。

1. 离散型 MES 产品体系结构

离散型 MES 产品体系结构如图 6-1 所示。

离散型 MES 产品体系结构中的制造执行管理由数据库层、数据集成层、基础平台层、现场管理层、核心业务层、计划管理层 6 层组成。其中,数据库层包含用于存储业务数据的关系数据库、用于存储生产现场数据的实时数据库以及文档数据

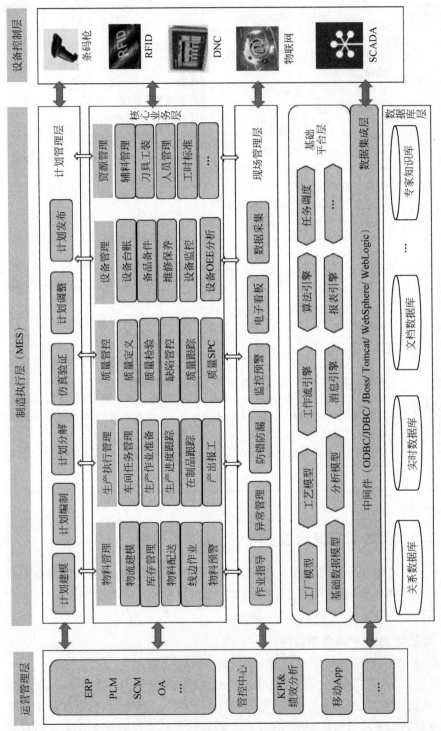

图 6-1 离散型 MES 产品体系结构

库等。数据集成层一般采用中间件技术（如 ODBC 等），或者专业的中间件产品（如 WebSphere 等），实现多源数据的集成与共享。基础平台层是整个体系结构的基础架构，具有工厂模型、工艺模型等生产建模功能，支持应用企业生产模型的构建，并通过工作流引擎等驱动 MES 系统的运行。基于基础平台层，现场管理层、核心业务层和计划管理层提供 MES 的主要业务功能，实现 MES 应用。离散型 MES 的主要业务功能有：生产计划与调度、物料管理、生产执行管理、质量管控、设备管理、资源管理以及现场管理等。当然，不同的离散工业所需要的 MES 业务功能的具体内容不尽相同，但一般不会超出 MESA/ISA-SP95 功能模型的范围。

MES 制造执行层从运营管理层获取生产计划、产品定义、物料资源等信息，并将生产执行情况反馈给运营管理层，如产品质量、生产成本等绩效信息，运营管理层亦可通过集中管控中心实时监控车间生产状况；另外，MES 制造执行层通过各种数据采集方式（如条码扫描、RFID 自动识别等）从设备控制层实时获取设备状态和生产信息，并将执行指令下达给设备控制层。

2. 流程型 MES 产品体系结构

流程型 MES 产品体系结构如图 6-2 所示。

流程型 MES 产品体系结构主要由数据集成平台层、核心业务层、生产信息监控层、数据服务层等组成。数据集成平台层的核心数据库中保存有包含生产流程的工厂信息模型，是集数据采集、存储和管理于一体的一整套统一、开放的集成数据库平台与生产实时管控平台，能够与实验室信息管理系统（laboratory information management system，LIMS）、DCS、PLC 及 SCADA 等系统进行数据集成，对来自生产过程中的各类实时数据进行及时采集、集中存储，并进行信息整合、挖掘和提炼，为 MES 的各种应用提供统一的数据来源。

流程型 MES 的主要业务功能有生产计划与调度、生产过程管理、设备管理、质量管理、物流管理、能源管理、成本管理以及生产信息监控等。不同的流程工业所要求的具体业务功能或具体内容有所不同，但一般也不会超出 MESA/ISA-SP95 功能模型的范围。

生产信息监控层是流程工业 MES 的重要功能，它用于实现工厂动态监控，如跟踪计划执行情况、监测能耗信息、故障报警管理等；同时它也是 MES 的一个统一的信息发布平台，可提供多种数据展示工具，实现生产信息可视化，如调度信息、质量信息、成本信息等，并支持客户化定制开发。

数据服务层提供 MES 与外部系统的数据接口，包括 ERP 接口、企业应用集成接口（enterprise application integration，EAI）、技经接口等，还有统一的数据库访问接口。

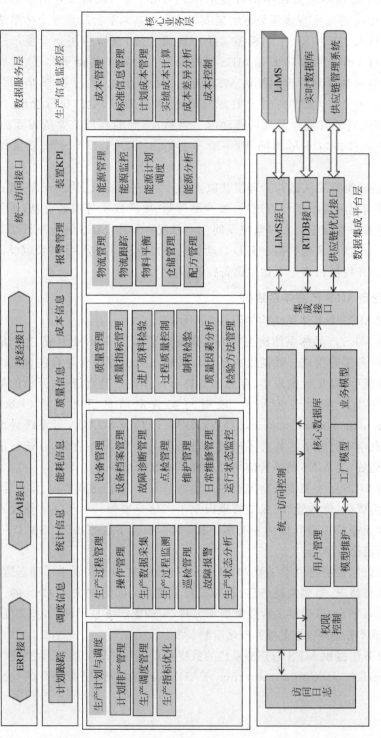

图 6-2 流程型 MES 产品体系结构

6.3 MES 实现策略与平台选型

6.3.1 MES 实现策略

企业应用 MES 技术实施制造执行管理主要有 3 种实现方式：第一种是购买成熟的商品化 MES 软件，第二种是基于通用开发工具开发，第三种是基于 MES 平台进行配置与二次开发。这 3 种方式各有其利弊及适用的情形，详见表 6-3。

表 6-3 MES 的 3 种实现方式

序号	MES 实现方式	优、缺点	适 用 情 形
1	购买成熟的商品化 MES 软件	优点是现成可用，可靠性高，实施周期短，风险低；缺点是可扩展性差，不适合企业需求变更	适用于工艺流程固定的特定行业，如晶圆制造
2	基于通用开发工具开发	优点是可针对企业的实际需求进行个性化定制开发，可扩展性强；缺点是开发周期长，风险高	适用于具有较强个性化需求、应用规模较小的中小企业
3	基于 MES 平台进行配置与二次开发	优点是技术先进成熟，具有可配置性与可扩展性，可靠性高，风险较低；缺点是投资大	适用于业务需求具有较大发展预期、应用范围广的大型企业或集团公司

6.3.2 MES 平台选型

本小节以第三种主流实现方式为例，具体介绍 MES 平台的选型策略。

MES 平台选型时应考量的技术因素见表 6-4。其中，MES 平台及产品的行业相关性和可配置性是选型时最重要的考量因素。

表 6-4 MES 平台选型时应考量的技术因素

序号	选型技术因素	含 义	重要程度
1	行业相关性	指 MES 候选产品的适用行业与需求企业所在的行业是否相关，以及 MES 产品功能对企业需求的满足程度。相关性越高越好，最好是同一个细分领域	★★★★★
2	技术先进性	指 MES 候选产品所使用的主要技术是否与主流的 IT 环境相兼容，如操作系统、支持的数据库、系统架构与软件开发技术，以及对 ISA-SP95 标准的支持程度等	★★★★☆
3	可配置性	指通过 MES 平台配置出适应企业实际情况、满足企业需求的 MES 应用系统的难易程度。可配置性反映了 MES 平台的先进性与成熟度	★★★★★

续表

序号	选型技术因素	含义	重要程度
4	可扩展性	指实现 MES 应用功能扩展的难易程度。系统架构的开放性及组件化、模块化技术的应用以及 MES 平台的二次开发能力是实现系统可扩展性的重要前提	★★★★☆
5	可集成性	指实现 MES 平台与其他企业应用相集成的难易程度。平台采用的集成技术与接口方式决定了是否方便实现系统集成	★★★★☆
6	易用性	指进行 MES 前台系统操作的难易程度。平台是否支持按照用户要求定制前台界面是系统易用性的重要保证	★★★★☆
7	可维护性	指保障 MES 系统正常运行,或系统出现故障时进行排除和修复的难易程度	★★★★☆

1. MES 的行业相关性

MES 应用是与行业密切相关的。比如石化行业与汽车制造所关注的内容不可能相同,冶金行业的生产流程与电子装配行业也没有太多相似之处,每个行业的 MES 应用各有其独特性。在选择用来构建 MES 应用的平台时,应该充分考虑其行业相关性,避免给实施工作带来困难。企业的系统规划人员在选择 MES 平台前应该充分了解本企业的实际需求,确定需要解决的关键业务问题,这样才能在平台选型过程中做到有的放矢。

企业在进行 MES 平台选型时,可以首先考虑在行业内部获取相关信息,向已经实施了 MES 的同行了解相关平台及应用系统的状况。可以着重考虑以下行业相关因素:

(1) MES 应用解决的关键问题是什么,这些问题是否也是本企业所关注的?

(2) MES 所提供的软件功能是否能够满足或接近本企业的实际需求?

(3) MES 平台是否提供成熟的行业解决方案,并且通过配置可以适用于企业的特殊需要?

(4) MES 平台在同行业或类似行业中的实施周期是否达到了本企业的预期?

2. MES 平台的技术先进性

这里所说的先进性并不是指 MES 平台使用当前最为先进的软件技术,而是指其能够与目前主流的 IT 环境相兼容。例如,支持的操作系统是否是主流操作系统(如 Windows,Linux),后台数据库是否是主流的数据库(如 SQL Server,Oracle),前台的编程环境是否是主流的编程环境(如.NET)等。纯技术角度的先进性对生产领域的软件应用并不重要,而系统的通用性和稳定性则更应当予以特别关注。另外,对 MES 应用来讲,其先进性还体现在对国际标准的支持上。例如,可以考察 MES 平台是否遵循业界普遍认可的 ISA-SP95 规范。

3. MES 系统的可配置性

MES 系统的可配置性是进行 MES 平台选型的重要考量因素之一，也是衡量 MES 平台先进性与成熟度的重要标志。MES 系统的可配置性主要包括 3 个方面：业务逻辑或业务流程可配置、用户界面可配置、报表可配置。其中，业务逻辑或业务流程可配置最为关键，需要在 MES 平台中的工厂建模工具支持下，实现企业组织结构和业务逻辑的快速配置，从而适应车间业务流程和功能模式的变化。

4. MES 系统的可扩展性

平台化 MES 产品通常包含一系列套件化功能，企业往往并不是一次性把所有功能都上全，而是根据自身的需要首先实施最核心的和企业最为关注的功能，然后在此基础上在合适的时间再实施其他功能，实现功能的扩展。这就要求 MES 平台能够提供良好的系统扩展性。一个优秀的 MES 平台通常应该是模块化的，即平台首先提供一个核心框架，该核心框架实现了 MES 的基本管理和配置功能，如系统配置、网络配置、用户管理、授权管理等。在该框架下每一个单独的功能均由相关的模块实现，如工单管理模块、物料管理模块、设备管理模块、人员管理模块等。在构建 MES 应用时可以像搭积木一样选择企业需要的模块。

5. MES 系统的可集成性

我们知道，MES 在制造企业信息系统中处于中间位置，与其他企业应用的集成是其主要任务之一。从系统集成角度考量，在 MES 平台选型时可以考虑以下几点：该平台是否提供专门的集成中间件，是否支持与主流系统集成的标准规范，是否提供与主流企业应用集成的标准接口，是否支持主流的接口方式，接口是否容易配置等。

6. MES 系统的易用性

MES 的最终用户是企业各部门的业务人员，这些用户并不具有专业的 IT 知识，因此，系统界面的友好性对于 MES 应用能否成功推行具有重要意义。一旦系统难以操作，业务用户必然会产生畏难甚至抵触情绪，这种情况下，即便后台应用逻辑再好也很难取得成功。在 MES 平台选型时，应确认相关平台是否可以按照用户的要求定制前台界面，否则系统易用性就难以保证。

7. MES 系统的可维护性

与其他企业应用系统一样，MES 投入正式运行后，企业必须配备相关的维护人员对系统进行维护。MES 平台可维护性的好坏直接影响企业的维护成本。在选型阶段，应该对平台的技术架构作初步评估，确定维护的难易程度，以便及早制定应对策略，并做好相关准备工作。

MES 平台的选型是一个复杂的过程。除了需要考虑行业因素及技术因素外，还有一些其他因素需要考虑，例如平台提供商的实力以及企业自身预算的限制等。平台提供商的实力关系到 MES 平台的后续维护升级能否顺利实施。因此应该选择具有雄厚技术实力和经济实力的公司,避免因为服务不到位而造成损失。

表 6-5 列出了国内外一些典型 MES 产品/平台的主要特色及其适用的行业情况,可以作为企业 MES 选型时的参考。

表 6-5 典型 MES 产品及其适用行业

序号	MES 产品名称/来源	主 要 特 色	适用行业
1	AspenTech Mfg. Suite/AspenTech 公司,美国	生产管控集成平台技术(aspen enterprise platform,AEP)	流程工业(石化、医药等)
2	宝信 MES/宝信软件,中国	基于.NET/C++技术,采用面向服务 SOA 架构,实现柔性的企业建模,组装面向行业的应用	流程工业(冶金、医药等)
3	Business.FLEX/Honeywell 公司,美国	基于 Uniformance 数据平台实现生产管控一体化	流程工业(石化、冶金、医药等)
4	eCOL MES/开目软件公司,中国	基于开目新一代企业应用平台 KMEAP,支持不断增加的企业级集成与应用协同	离散工业(机械、汽车等)
5	ESP-Suite/浙大中控,中国	基于关系数据库的综合信息集成平台,基于实时数据库的实时监控平台	流程工业(钢铁、石化等)
6	Factelligence/CIMNET 公司,美国	为多种数据源提供一个通用的工业门户,可配置性好	离散工业/流程工业/混合型工业
7	FactorySuite/Wonderware 公司,美国	基于 ArchestrA 体系结构的 MES 应用平台,多用户的集成开发环境,基于组件的开发模型	流程工业/离散工业
8	HOLLIAS-MES/和利时公司,中国	以企业级关系数据库和实时数据库为核心	流程工业(石化、冶金、食品饮料、电力)
9	IMS/盘古信息,中国	采用面向服务架构,支持平台+模块化应用,支持云化部署与 SaaS 化应用	离散工业(电子制造)
10	InSite/Camstar 公司,美国	提供面向对象的 API、业务流程管理平台、XML 接口,易于扩展和维护	复杂的柔性流程行业
11	OrBit-MES/华磊迅拓公司,中国	基于 Web 的数据发布平台实现在线报告系统;基于 OrBit 组件平台技术,易于系统扩展	离散工业(电子制造、机械加工、半导体等)
12	Proficy/GE Fanuc 公司,美国	提供基于统一数据模型的集成基础设施	离散工业/流程工业/混合型工业
13	RSAdvantage/Rockwell Automation 公司,美国	采用 XML/SOAP Web 服务技术构建的面向服务的架构;平台化产品,支持后台脚本,方便对业务逻辑进行设定或更改	流程工业/离散工业(汽车、医药、食品饮料、烟草等)
14	SAP ME/SAP 公司,德国	同步企业管理与生产运营,SAP+MES 一体化解决方案	离散工业/流程工业/混合型工业

续表

序号	MES 产品名称/来源	主 要 特 色	适用行业
15	SIMATIC IT Production Suite/Siemens 公司,德国	图形化工厂建模技术,基于库的 MES 系统配置与组件重用技术	流程工业/离散工业/混合型工业
16	S-MES/石化盈科,中国	依托 ProMACE 平台,基于统一工厂模型和统一标准化体系	流程工业(石化行业)
17	UniMax-MES/艾普工华公司,中国	基于 Mestar 系统平台,由统一工厂模型和可定制的业务流程建模引擎驱动,实现 MES 平台化	离散工业(机械、汽车、电子、家用电器、航空航天等)
18	Xfactory/UGS 公司,美国	MES 开放平台,包括 MES 应用软件和开发工具,支持工厂与其扩展企业、供应链之间的整合	流程工业/离散工业/混合型工业

6.4 MES 项目实施方法

6.4.1 MES 立项分析

MES 项目的实施是企业信息化建设的重要组成部分。企业在打算实施 MES 系统之前,应当进行充分的调研论证,分析其必要性和可行性,从而确保企业的投资回报。

企业实施 MES 的必要性主要从以下两个方面进行考察分析。

首先,实施 MES 是否可以使企业现有的生产流程更加规范有效,是否有利于企业生产流程的改善与优化,是否能够解决企业生产的核心业务问题。信息系统毕竟只是生产组织的辅助工具,信息系统建设的一切出发点必须围绕生产本身进行,应该聚焦于生产流程的规范和生产效率的提高,而不是跟风或面子工程。在实际的项目中,经常存在这种现象:企业上了信息系统之后,原本井井有条的生产活动变得混乱,原本 10 个人能完成的工作需要 20 个人来做,生产效率大大降低,最终导致系统被弃之不用。当然,造成这种现象的原因可能是多方面的,例如系统实施不力、领导重视不够等,但一个不争的事实是生产流程没有得到改善,生产效率也没有得到提高。因此,在企业决定是否需要 MES 系统时,其实施的必要性必须认真考虑,并且在实施以及系统应用过程中也应该紧紧围绕规范生产、提升效率的核心理念,只有这样,MES 系统才有可能最终在企业中发挥其应有的作用。

其次,实施 MES 能否实现企业生产管理创新并带来增值。进行科学的事先评估可以在一定程度上预测 MES 系统能在多大程度上为企业带来收益。例如:

(1) 系统可以提高信息传递的及时性、准确性,从而避免质量事故,为企业消除浪费。

（2）系统可以替代一部分人工作业，从而可以减少工作岗位的配置，为公司节约人力成本。

（3）通过系统可以对生产问题进行分析，帮助企业制定改善措施。

在确认了企业确有必要实施 MES 系统之后，还应当考虑企业当前的环境，分析实施 MES 是否可行。可以从以下几个方面分析企业实施 MES 的可行性：

（1）企业高层领导的态度。MES 涉及对企业生产流程的变更，且涉及的部门比较广泛，特别是存在部门局部利益冲突的情况下，企业高层领导的协调与支持对于系统的成功实施至关重要。

（2）当前企业信息化状况的考虑。前面已经提到，MES 处在制造企业信息化的中间环节，是联系企业级管理系统与车间控制系统的桥梁和纽带。因此，在进行 MES 建设之前应当考虑相关的信息系统是否能够为 MES 的建设提供必要的支持。例如，企业生产计划、物料主数据、BOM 等是否有专门的系统管理？生产过程中的工艺数据、质量数据等能否通过现有的系统自动采集？等等。此外，企业本身的信息化基础设施情况（如企业局域网、现场总线网络等）也可能对 MES 的建设产生影响。

（3）企业预算的考虑。MES 应用涉及企业生产管理的多个方面，如果一次把所有的模块都上全，则势必需要很高的预算支持，因此，必须考虑企业是否能够承受相关的费用。假如企业预算有限，那么不妨考虑采用统一规划、分步实施的策略，先统一规划好，然后重点实现用户当前最为迫切的需求，待以后条件成熟再逐步完善。

（4）人员考虑。MES 的运行与维护需要一批具有较高素质的企业员工，包括一线操作工、业务用户和系统维护人员等。特别是 MES 投入日常使用后，需要进行诸如故障排除、数据备份等相关维护工作，企业应该考虑自身是否具有相关的维护人员，以及人员的能力是否满足要求等，否则系统投入运行后一旦出现问题将很难解决，可能影响生产的正常进行。

6.4.2 MES 项目的实施步骤

在完成前期立项分析等准备工作后，MES 进入启动与实施阶段。在项目实施阶段需要完成系统的项目准备、方案设计、配置实现、系统试运行、全线推广等工作。上述 MES 项目的实施步骤如图 6-3 所示。

1. 项目准备阶段

此阶段需要对项目的实施做必要的准备和初始化工作。在这个阶段，需要明确项目的总体目标、实施计划及实施策略，建立包括项目各方人员在内的项目组织，并且通过项目开工会的形式向项目各方阐明项目的意义、成功的关键因素，以及项目实施过程的各种相关约束及配合要求。

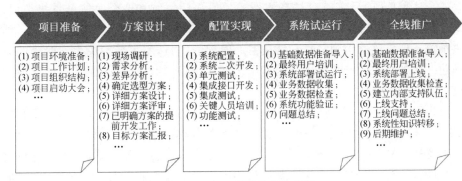

图 6-3　MES 项目的实施步骤

2. 方案设计阶段

此阶段主要是完成现场调研、需求分析、MES 选型、方案设计与评审等工作。通过现场调研了解企业的信息化现状，并确定其与 MES 的关系。了解企业制造部门的需求，做好 IT 规划、协调与运营。需求分析工作完成后就要根据实际需求来进行 MES 选型并设计相应的功能模块。详细的设计方案一般由 MES 供应商提供，客户组织评审。

3. 配置实现阶段

此阶段的主要工作是以详细设计报告为依据，在开发环境中把方案设计阶段设计的功能付诸实施，使之成为可以实际运行的 MES 系统。除了软件系统配置、编码及集成接口等的开发外，还包括单元测试、集成测试等测试工作以及召开开发例会、开发工作评审等一系列管理活动。

4. 系统试运行阶段

此阶段将 MES 系统部署到工厂的真实生产环境中，最终业务用户实际使用 MES 系统进行工作。各种实际的生产数据也开始进入系统数据库。为了保证试运行顺利进行，应该确保对用户的培训，使用户熟悉新系统的使用。为了避免系统故障对生产造成影响，项目团队应当对可能发生的问题进行预测并制定相应的应对方案，这些应对方案应写在技术维护手册中。

5. 全线推广阶段

此阶段的主要工作是做好数据迁移和项目验收，配合企业用户制定和发布需要的制度和规范。企业需要根据验收标准对 MES 的功能、性能等诸多方面进行评价和确认。

6.4.3　MES 实施的常见误区

企业在实施 MES 过程中可能会存在一些误区，项目参与者的某些错误认识也可能会对项目成败产生重要影响，这些项目实施或认识上的误区应尽量规避。

（1）对 MES 项目实施有过高或不实际的期望。与其他企业信息系统类似，MES 是生产企业进行管理的辅助工具。它可以帮助企业规范流程、规范操作、辅助决策等。但应该意识到，MES 只是辅助管理的工具，不可能解决生产管理的全部问题。比如企业的产品技术和制造工艺问题、基础管理问题等是不可能仅通过实施 MES 来解决的。

（2）贪大求全、一步到位的思想。有些企业在做系统规划时往往期望所有的 MES 功能模块一次性实施，一劳永逸。对于大多数企业来讲，这种想法实现起来是有难度的。MES 包含的模块众多，各模块之间往往会互相影响，如果面铺得过大，很可能造成预算过高、实施周期过长的不利局面。企业在实施 MES 时宜采取总体规划、分步实施的策略。在规划上做到全局统筹，在实施上则先选择企业需求最为迫切的模块实施，这样既可以保证项目周期短、见效快，也有利于 MES 应用在工厂内的推广。

（3）过分注重技术问题，忽略管理模式和控制模式的转变。MES 是工厂级的管理系统，通过 MES 可以规范工厂的生产流程，使其更具效率。技术只是实现 MES 的手段，工厂管理模式的变更才是重点。我们强调 MES 平台应当具有开放性、扩展性、可集成性，这是对 MES 平台在技术方面的基本要求，然而，切不可一味追求技术的先进性，而是应该将更多的精力放在理顺流程、规范流程方面。那种一味关注技术的做法显然是舍本逐末，正确的做法是在技术先进性与系统实用性之间寻求合理的平衡。

（4）过分依赖外部专家，忽视培养自身团队。MES 是企业自己的应用系统，外部专家可能在技术上更有经验。但是，企业自身的情况还是自己人最清楚，外部专家、顾问不可能解决 MES 项目实施过程中的一切问题，尤其是涉及有关内部作业处理的一系列基础管理问题。在实施过程中，企业应有计划地把工厂的一批精英人员培养成内部专家，以打造自己的核心技术团队。

第 7 章

离散型MES应用案例

在第 6 章中已经介绍,离散工业由于设备与工艺具有较大的柔性,因此对生产计划调度与现场管控的要求较高,车间生产往往以生产效率、订单交付、制造柔性、生产成本与产品质量等为主要管控与优化目标。本章以用于离散工业的 MES 平台化产品——艾普工华 UniMax-MES 为例,详细介绍其功能、特点与应用案例。在本章末尾可通过二维码扫描链接该产品的介绍视频。

7.1 艾普工华 UniMax-MES 介绍

UniMax-MES 是艾普工华科技(武汉)有限公司(以下简称"艾普工华")根据多年的制造业生产管理系统研发积累和项目实施经验,针对中国制造业特点推出的一套 MES 系统,其 Mestar 平台是以"需求共性程度"分类标准,基于企业基础技术平台(FPP)、基础业务平台(BPP)和模块化插件(Plug-Ins)的多层架构。该 MES 系统及其架构具有如下特点:下层满足不同客户的通用需求,上层满足客户的个性需求;建立高度复用,可插拔组件、可建模的基础应用;针对企业的个性化需求、标准、流程和规范,使用专门的建模、开发、配置工具等,通过系统良好的扩展性和灵活性可以帮助企业实现随需而变;在业务范围上围绕制造业管理的核心要素"人、机、料、法、环、测",以精益管理为宗旨,支持多种业务管理模式,实现制造精益管理系统落地和管控提升,最终达成制造过程的"透明、可控、协同"。

7.1.1 功能架构

UniMax-MES 系统对从车间生产计划到其生产现场管理及监控、从现场物流到成品库存、从产品追溯到质量分析等的一系列业务进行管控,是一种由下而上、实时掌握现场状况的信息并进行生产管理的 MES 系统。该系统完全基于 Mestar 平台构建,是典型的 MES 平台化产品,具有平台化的灵活性、可重构性和可扩展性。在 UniMax-MES 的基础上,艾普工华梳理大量的行业经验,建立了针对主要离散工业的解决方案库,以实现个性化的、快速的项目交付。

UniMax-MES 系统的功能架构如图 7-1 所示。该系统可实现计划排程、计划

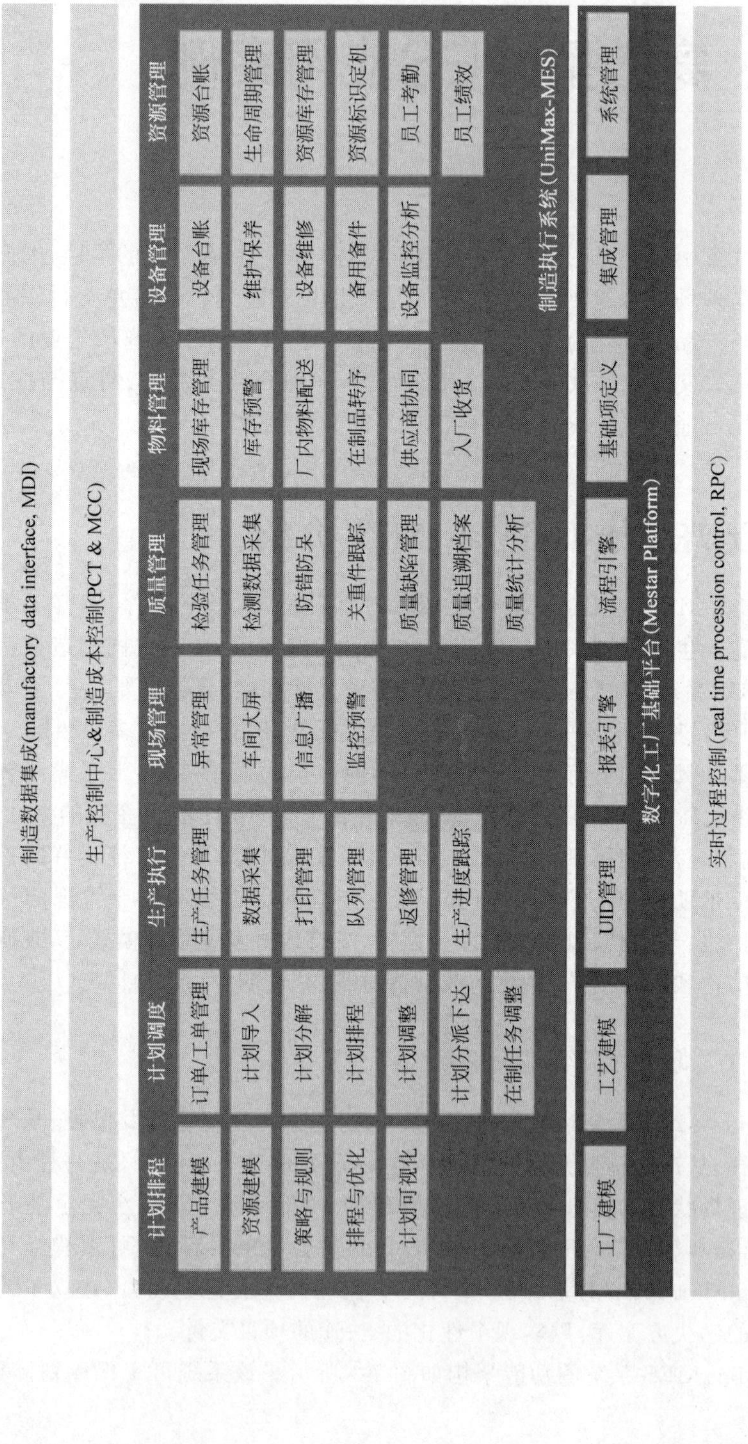
制造数据集成(manufactory data interface, MDI)
生产控制中心&制造成本控制(PCT & MCC)
计划排程
产品建模
资源建模
策略与规则
排程与优化
计划可视化
计划调度
订单/工单管理
计划导入
计划分解
计划排程
计划调整
计划分派下达
在制任务调整
生产执行
生产任务管理
数据采集
打印管理
队列管理
返修管理
生产进度跟踪
现场管理
异常管理
车间大屏
信息广播
监控预警
质量管理
检验任务管理
检测数据采集
防错防呆
关重件跟踪
质量缺陷管理
质量追溯档案
质量统计分析
物料管理
现场库存管理
库存预警
厂内物料配送
在制品转序
供应商协同
入厂收货
设备管理
设备台账
维护保养
设备维修
备用备件
设备监控分析
资源管理
资源台账
生命周期管理
资源库存管理
资源标识定机
员工考勤
员工绩效
制造执行系统(UniMax-MES)
工厂建模
工艺建模
UID管理
报表引擎
流程引擎
基础项定义
集成管理
系统管理
数字化工厂基础平台(Mestar Platform)
实时过程控制(real time procession control, RPC)

图 7-1　UniMax-MES 系统的功能架构

调度、生产执行、现场管理、质量管理、物料管理、设备管理、资源管理等功能。底层模块由基础平台提供,系统业务功能模块以组件的方式搭建在基础平台上。下面简要介绍该系统的主要功能。

1. 计划排程与调度

提供一个最佳的或接近于最佳的短期生产调度表,以及基于指定生产单元相关的优先级、属性、特征、方法等的作业排序功能。使程序迅速发现并缓解在工厂生产运作中的一系列普通问题,包含生产瓶颈、中间物料短缺、生产能力平衡、人员安排、预防性维修等。同时,将生产工单转化为派工单,提供在整个生产环境中生产工作流和工作顺序的管理。以生产工单、派工单、批次拆分合并等形式管理和控制生产单位中的物料流或信息流。生产调度能够调整工厂车间的规定计划,使得计划具有更高的可执行性。

2. 生产执行

车间接收工作任务派工后,即展开相关的生产活动,此时任务完成情况、生产设备状态不断发生变化,生产执行模块就是将这一系列生产活动记录下来,对现场的"人、机、料、法、环、测"进行全面监视和控制,从而全面实现生产过程的跟踪。其主要流程是根据计划的时间和数量生成产品的 ID 号,并打印成条码或写入 RFID,同时在上线/开工时将条码/RFID 贴到产品上,经过采集点工位时扫/读码,记录相关数据。根据现场环境不同,也可以采用触摸屏或手持终端对产品信息进行采集。生产执行中自动修正生产中的错误,提高作业效率和质量,或向用户提供纠正错误并提高在制行为的决策支持。

3. 现场管理

当现场的设备异常、物料异常和质量异常等发生后,可通过安灯管理,进行异常发起、异常响应、异常处理、异常关闭和确认关闭等一系列业务闭环,实现问题的快速响应。通过看板管理,对现场的生产进度、生产状态、问题等信息实现目视化管控,提高现场的运营效率。通过电子化作业指导进行无纸化作业管控,指导现场工人按作业指导进行作业,以保障作业的规范性。

4. 质量管理

UniMax-MES 系统通过与底层设备的通信,实时自动采集质量数据,同时通过现场的质量跟踪卡,对离线的质量数据进行记录,并通过现场终端录入 MES 系统中。最后通过现场看板、质量大屏、现场异常统计大屏或后台分析统计,把质量数据展示出来。设备质量数据采集方面,UniMax-MES 通过 OPC 协议可以与各种设备进行便捷通信,获取设备的加工信息和加工质量信息。现场质量采集终端方面,UniMax-MES 通过 C/S 客户端进行质量数据采集,同时通过质量参数条码化便捷快速地进行现场质量数据采集。

5. 物料管理

UniMax-MES 系统支持多种现场物流管理手段,满足现场的拉式物料配送需求,同时系统支持成套配件系统(set parts system,SPS)和外围供应商拉动需求功能。成品物流方面,在装备行业应用中采用智能化的成品装备库管理,实时对库存进行管理和分析,并按装备发运要求进行优化排序。现场物流管控方面,在生产环节中,UniMax-MES 支持按看板补料配送、按计划需求配送、按序列配送、按 Andon 指示配送等多种配送模式。厂外物流管控方面,可满足没有 SCM 系统但需要对供应商物流进行集中管理的企业需求。通过在 MES 系统中建立登录平台,供应商能实时获取物料需求信息,并按系统打印的配送清单要求进行物流配送。设备集成方面,UniMax-MES 可以与电子拣配系统和 Andon 系统进行数据集成,通过与设备的集成完成物料的快速分拣和快速配送。

6. 设备与资源管理

以设备状态实时诊断数据库为核心,将企业生产过程中重要设备的多种状态参数和其他信息集成起来,对设备进行全方位监控和管理,从而提高设备的利用率,同时还对设备档案、设备台账、设备检修、设备保养等内容进行管理。除生产设备外,UniMax-MES 系统管理的车间资源还包括工具、刀具、量具、模具、夹具等工装资源。

7.1.2 Mestar 基础平台

Mestar 基础平台提供包含异常处理、日志框架、权限体系、安全框架、元数据等的系统基础管理功能,拥有基础建模、消息引擎、规则引擎、流程引擎、监控引擎、查询引擎、3D 引擎等各类系统底层配置功能引擎,以及完善的开发工具库、资源库,可为业务层系统的各项业务功能模块提供坚实的基础和快速开发能力。Mestar 基础平台架构如图 7-2 所示。

通过 Mestar 平台可以为企业数字化制造提供基础的服务,主要包括工厂建模、工艺建模、图表引擎、流程引擎、基础数据服务、信息系统集成服务、设备集成服务、系统管理服务等。

Mestar 平台具有高性能和高可靠性,支持系统开发运行的透明性,监控功能丰富,可集成性、可扩展性、可开发性强,拥有众多平台级功能。该平台是以 JavaEE WithSpring 3、Hibernate 3 等成熟开源技术为基础的 MVC 轻量级可插拔、可扩展的企业应用开发框架,它遵循主流设计模式,具有多层架构,采用 Web 服务分布式部署。开发平台由 Taglib-UI 标签库、Mestar-FPP 基础平台功能、Mestar-Eclipse 快速开发插件、Mestar 类 Excel 报表模板设计器、Mestar-PCT 图表设计器、Mestar-MDI 数据集成平台、Mestar-集群监控平台、Mestar-安卓 App 框架,以及项目管理思想最佳实践方案等组成,是一个全方位、一站式的符合开发人员开发习惯的企业级快速开发框架。

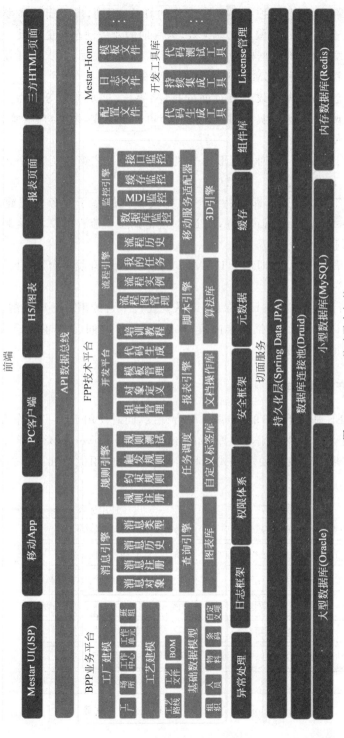

图 7-2　Mestar 基础平台架构

Mestar 平台的代表性功能包括：

(1) 脚本引擎，即动态维护一些经常变化的算法、规则，应对简单多变的业务更改。改动脚本不需要重启，服务立即生效，为后期的业务动态变更提供了方便。

(2) 快速开发平台，即根据模板一键生成增删改查的页面，为二次开发人员提供了极大的方便性，支持移动 MES 产品多变的业务展示。

(3) 页面动态配置，即修改已有页面的排序、字段、展示类型等行为。简单的页面调整不需要改动后台代码，通过修改配置即可自动完成，为客户、实施、二次开发人员提供了方便。

(4) 可视化工艺建模，即通过图形化拖拽构建产品工艺路线模型，平台将模型直接转换为系统工艺路线。

(5) 可视化工作流引擎，即支持图形化在线编辑的基于业务流程建模注解（business process modeling notation，BPMN）规范的工作流程引擎，可定制需要工作流进行控制的业务流程。

(6) 支持多语言国际化，即基于 HTML5 的移动 App 开发平台，为开发相应的移动应用提供方便。

(7) 系统运行监控平台与日志录制，即系统通过平台的事件处理机制，对每一项系统操作进行详细记录，包括操作内容、操作者、操作时间、操作内容等信息，并通过前端提供灵活的查询功能。

7.1.3　产品特点

UniMax-MES 基于 J2EE 的 Mestar 平台开发，同时使用 EJB 平台作为平台容器。在系统底层支撑多种主流数据库（如 Oracle，SQL Server，DB2），通过不同的数据接口方式实现多种数据展示模式。其实现技术与应用优势如图 7-3 所示，具有如下特点：

图 7-3　UniMax-MES 的技术特点与应用优势

（1）UniMax-MES 符合 MESA/ISA-SP95 规范。UniMax-MES 遵从 ISA-SP95 国际标准，在充分考虑国内企业与国际企业具有不同业务特色的基础上，将国际先进领域中一些值得借鉴的经验引入中国并进行本地化处理，使该产品始终保持先进性技术标准。

（2）UniMax-MES 具有先进的系统架构。基于分布式服务化架构技术，采用分层和模块化思路，模块之间松散耦合，便于与其他系统集成；多层次、模块化、可插拔的体系结构可实现现有组件的快速搭配。先进的系统架构使得持续的应用需求可以很好地在已有的基础架构上扩展，将对系统的修改减至最低。同样，基于平台上的导入/导出、插件、脚本、配置文件和建模工具，使系统具有良好的可定制性。企业项目经理、IT 人员有更大的自主权，更容易快速满足客户的个性需求。系统由统一的工厂模型和可定制的业务流程建模引擎驱动，既兼顾系统的灵活性和运行效能，又能有效地降低用户的总体拥有成本。

（3）UniMax-MES 采用主流的 JavaEE 框架技术，属于主流企业级架构。支持 Windows、Linux、UNIX 等多种操作系统，以及 Jboss、Tomcat、Weblogic、WebSphere 等多种应用中间件和 Oracle、MSSqlServer 等多种数据库；基于 SOA 的分布式架构使得多样化的集成接口可实现灵活的集成；多层次、模块化、可插拔的体系结构可实现现有组件的快速搭配；强大且灵活的建模技术可快速灵活、从容应对需求变化；系统支持大型企业集群式应用与负载均衡，支持海量数据和高并发运行，系统可平滑迁移到云计算环境。

7.2　UniMax-MES 机械行业应用案例

长期以来艾普工华 UniMax-MES 在汽车整车、汽车零部件、机械与专用设备、重型装备 4 大行业集群，以及乘用车、重型卡车、客车、发动机、汽车底盘、汽车空调、线束、工程机械、纺织机械、轨道交通设备、输变电设备、飞机制造、重型机床、船用装备等 20 个细分行业积累了成熟的解决方案与核心应用技术，形成了众多案例。本节以 UniMax-MES 在某专用车辆生产企业金属结构件制造车间的应用为例，介绍该系统的应用情况。限于篇幅，这里主要介绍该案例系统的总体架构与特点，以及工厂建模、生产计划与调度、生产执行与现场管理、系统集成等方面的内容。

7.2.1　案例车间背景

某金属结构件制造车间主要由下料、成形、小模块拼焊、大模块拼焊 4 个工艺段组成，批量生产多个型号专用车辆所需的金属结构件。具体的台位信息如下：

（1）下料，包括 OEM 件配送、等离子板材切割、激光板材切割、三维型材切割。

（2）成形，包括折弯机折弯等。

(3) 小模块拼焊，包括模块 1 拼装/焊接、模块 2 拼装/焊接、模块 3 拼装、模块 3 焊接、模块 4 拼装、模块 4 焊接、模块 5 拼装/焊接、模块 6 拼装/焊接等。

(4) 大模块拼焊，包括大模块 1 拼装、大模块 1 焊接、大模块 2 拼装、大模块 2 焊接、车 A 拼装、车 A 焊接、车 B 拼装、车 B 焊接等。

该车间的整体工艺流程如图 7-4 所示。

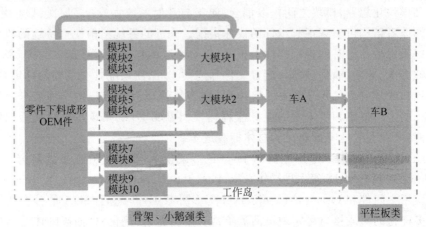

图 7-4 金属结构件制造车间的整体工艺流程

该车间典型工艺的工作流如下。

(1) 下料：上料→切割→分拣→配送。

(2) 成形：上料→成形→存放→配送。

(3) 小模块拼装：零件齐套→工装切换→【拾取零件→定位→点焊】（多次循环）→脱离工装至缓存→配送至焊接区。

(4) 小模块焊接：工装切换→上工装台→焊接（人工或机器人）→下工装台→至缓存区→配送至下一道工序的待装区。

(5) 大模块拼装：零件齐套→工装切换→【拾取零件→定位→点焊】（多次循环）→脱离工装至缓存区→配送至焊接区。

(6) 大模块焊接：工装切换→上工装台→焊接（人工或机器人）→下工装台→至缓存区→配送至下一道工序的待装区。

(7) 车 A/B 拼装：工装切换→前车架上工装台→后车架上工装台→定位前后车架→点焊→定位附属件→预焊→下工装台→至缓存区→配送至下一道工序待装区。

(8) 车 A/B 焊接：工装切换→上工装台→焊接（人工或机器人）→下工装台→至缓存区→智能判断下一道工序并配送。

为了进一步提高生产效率、提升产品品质、加快订单交付，对该车间进行数字化建设，采用 MES 技术来实现车间制造运营管理一体化。MES 系统的实施旨在将生产数据流、工艺流、物流进行有机统一，实现涵盖计划、生产、质量、物料、设备管理的生产制造过程管控一体化,保证该车间实现生产柔性化、流程规范化、过程透明化、质量可溯化、设备联网化、系统集成化,同时考虑今后实现全自动生产。此次 MES 项目的业务范围主要包括基础数据建模、生产计划管理、生产执行管理、物料管理、质量管理、设备管理、看板管理、自动报表等。

7.2.2　总体需求分析与系统架构设计

本案例车间所属公司属于商用车与特种车行业,是典型的离散制造企业,具有按订单制造,多品种、小批量生产的特点。其中,结构件焊接是其最重要的工艺环节,且结构件种类不多,便于进行模块化分割,有利于通过产品的标准化、模块化,以及工艺标准化和产线的柔性化来改造并提升企业效能。

该车间 MES 系统建设的需求重点主要体现在以下几个方面:

(1) 该项目建设将作为整个公司数字化、智能化工厂建设的样板,帮助公司转型升级,提升产品工艺及生产技术,成为行业标杆,同时为其他分/子公司、工厂、车间推广提供示范和借鉴。为此需要搭建平台化、可配置的 MES 系统,以支持产品工艺的调整变化和多工厂快速部署复制。

(2) 通过 MES 系统建设,支持工厂从单元作业模式向按需、准时拉动流水作业模式转变。在实现库存最小化和准时生产的同时,保证产品的及时交付。

(3) 合理而充分地应用数字化、自动化、智能化技术与装备,实现生产作业、物料识别与输送、质量检测及其数据采集的自动化、智能化和少人化。减少违规操作,提升安全水平,避免因质量问题造成的客户投诉。帮助企业改善成本,提升产能效益,提高订单及时交付率。

(4) 通过与数字化装备的集成,以及与 ERP、PLM 等系统的集成,实现设计制造一体化、作业执行智能化、物料输送自动化、质量控制在线化、生产过程透明化,提高数字化工厂的整体效能,全面提升企业的生产管控能力、产品质量和交付能力。

根据上述针对案例企业的总体需求分析,设计了如图 7-5 所示的案例车间 MES 系统总体架构。该架构是案例车间 MES 系统建设的目标蓝图,具体实施中需要通过分步建设,逐步搭建数字化、智能化生产制造执行和多层级、一体化集成的生产运营协同平台。

(1) 智能装备层。智能装备层包括各种数字化、智能化的生产设备、仓储设备、物流设备、工装工具、检测设备等,如等离子切割机、数控折弯机、焊接机器人、数字化柔性工装、拧紧机、机器视觉检测系统、数字化量具、自动生产线、自动化立库、AGV/RGV 移载设备等。智能装备是企业生产力的基础,通过设备数字化、自动化、智能化,在智能执行与物联层的协调控制下保证企业的生产效率和产品质量,实现经营效益最大化。

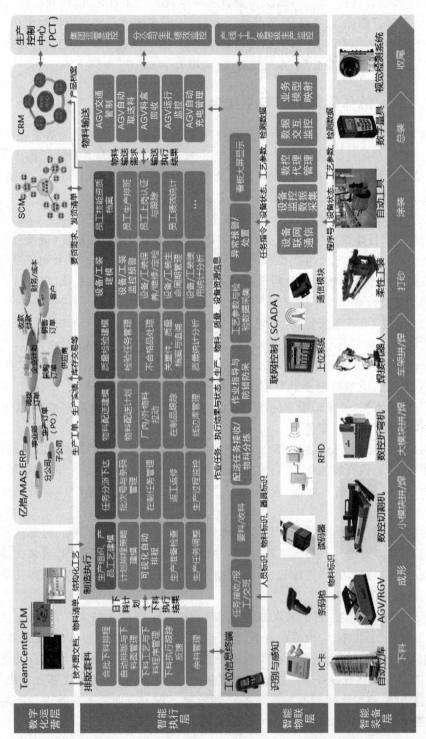

图 7-5 案例车间 MES 系统总体架构

(2) 智能物联层。智能物联层主要通过各种工位感知设备,如条码设备、RFID 设备、传感器和 SCADA 系统等设备联网控制系统,连接智能装备层物理工位上的各种数字化、智能化底层设备、工装、工具。接收智能执行层下达的生产指令,自动识别物料和工件,实时传递工艺参数、数控程序号以控制设备运行,采集生产过程工艺参数、检测数据和资源状态信息,反馈生产过程信息。在智能执行层的指挥调度下完成高效的数字化、智能化生产制造过程,保证企业能及时、保质和在成本可控的基础上交付产品,满足客户的需求。

(3) 智能执行层。在智能执行层以 UniMax-MES 系统为核心,AGV 系统和 SmartNest 智格套料软件为辅助,向上与 ERP、PLM、SCM 等系统集成以获取与生产相关的基础数据和业务数据。通过 MES 接收数字化运营层的 ERP 生产订单,编制详细的工序作业计划由车间产线执行,编制物料配送计划由 SCM 拉动供应商配送,建立物料输送队列由 AGV 执行,并获取生产、物流执行完成情况传递给 ERP、SCM 等系统。向下通过与智能物联层的条码与 RFID 设备、SCADA 等集成连接数字化、智能化设备。实现从车间计划调度、生产执行到现场管理等的核心生产制造业务,以及物料自动输送、生产过程质量控制、设备管理与联网监控数据采集、工装与劳动力资源管理等支持业务的数字化和智能化,以支撑数字化、智能化制造的实现。智能执行层作为实现设计/制造一体化、计划/执行一体化、执行/控制自动化的核心环节,指挥、监控生产过程,协同控制生产过程中的"人、机、料、法、环、测"。同时,通过生产运营监控中心这一作为工厂乃至整个企业的生产指挥控制平台,实时采集和整合生产各方面的数据,从企业全局运营和多工厂、多车间协调生产的角度,实现对企业生产运营的综合管控与辅助决策。智能执行层依托 UniMax Mestar 标准的、开放的数字化工厂基础平台,集成数字化工厂相关的各种应用系统和硬件设备,借助艾普工华丰富的行业解决方案包,支持案例车间及所在企业多种类型产品、多种制造工艺的集团化多工厂制造模式。

(4) 数字化运营层。数字化运营层构建在智能执行层的基础上,通过 PLM、ERP、SCM、售后与客户关系管理(customer relationship management,CRM)等系统传递产品、工艺、质量、人员、物料、设备等相关信息给智能执行层作为车间数字化生产运行的基础,通过 ERP/MRP 编制主生产计划,下达生产订单,驱动执行层 MES 执行生产计划。数字化运营层还借助生产运营监控平台传递的信息实现集团级、事业部级的企业运营监控,从企业全局运营的角度实现了对企业整体运营的综合管控与辅助决策。

上述设计方案具有如下特点:

(1) 设计、计划、执行、控制一体化协同。通过跨系统、跨组织、跨层级的整体协同,实现准确的生产作业计划、全面的生产准备检查、高效的生产调度协调、实时的设备/传感器集成数据采集和监控。同时通过系统对各种精益技术的支持,如安灯、看板、防错防呆、标准化作业、自动化等,消除和减少了生产过程中的波动和异常带来的影响,保证了生产制造的连续性和平稳化,帮助企业实现协同执行、高效稳定的生产模式。

(2) 智能化、精准化生产与物流作业控制。应用自动化、智能化生产、物流、检测设备和装置,将适宜的信息化技术,如机器人、智能读码、智能验证技术,融入生产制造、物料存储配送、质量检测等作业环节中,实现了自动化、智能化、少人化作业。同时结合工位智能工作台、工装应用,并与工位信息终端充分结合,实现了工序、工步操作精益自动化,工艺作业指导与防错的精细化控制,全面提升了生产效率和产品质量。

(3) 垂直打通,建立生产运营管控与一线生产执行的联系。通过生产运营监控平台和动态报表引擎实时汇集生产执行过程数据,可视化地监控和调度企业各生产组织协同运作,获取和分析生产绩效,支持持续地改善生产作业活动、消除浪费。打通了中高层生产管理者与一线员工的联系,使中高层生产管理人员能及时、全面地了解生产运营状况,而一线生产人员也可了解其每一项活动对企业的生产运营及绩效产生何种影响,帮助企业提升生产运营管理的整体性和协同性。

(4) 水平打通,实现跨部门、跨车间的业务协同。基于 ESB 集成平台、工作流引擎,连通企业信息化断点和业务流程断点,连接 ERP、PLM、MES、AGV、套料软件等系统的车间层级应用,使技术变更、异常处理、质量问题、设备故障等业务流程能直接延伸到生产一线,形成完整的控制闭环,使生产制造环节的"人、机、料、法、环、测"各要素能统一协调。

(5) 全过程、全方位的实时跟踪、控制与追溯。以关键信息如订单号、产品号、物料号、序列/批次号、工位/设备号、工装号、员工号等维度为基础,并将这些关键信息条码化,借助设备联网和条码自动和准确地采集信息,同时将作业规则、质量标准电子化。价值流/工艺路线中的每个活动环节控制生产作业执行、采集生产过程数据,并逐级关联起来,形成完整的、一致的生产控制链和生产过程数据库。另外,通过表格或图形化、拟物化的人机界面,展现产品、物料、在制品、订单在各级生产单元之间的流动过程,追溯查询每个环节的生产过程数据。

(6) 整体方案与系统的可优化、可扩展、可移植。本方案以艾普工华数字化工厂基础平台(Mestar)为支持,支持多工厂、多产线的生产组织架构,可以自定义从公司到工厂、车间、班组直至工位等多级架构。提供参数配置、自定义脚本、插件、二次开发平台等进行系统扩展与客户化定制的手段,系统具有高度柔性,甚至可以通过 Mestar 平台开发实现一个完整的业务系统。

未来还可通过参数配置、自定义脚本等方式在最大限度地减少二次投入的基础上,适应企业业务变化要求,反过来可通过系统配置等手段对现有方案进一步优化以支持企业生产运营管控水平的提升。在本项目基础上,通过 Mestar 平台可以进一步扩展系统功能,支持企业数字化工厂规划建设的逐步推进。同时考虑集团化应用,基于本系统架构可以通过对方案/系统的复制和优化配置,快速移植到公司下的其他分/子公司、工厂和车间,最大限度地降低后期建设、运维成本和总体拥有成本。

7.2.3 工厂建模

工厂建模是支持数字化工厂运行的基础,用于进行基础数据维护、系统参数配置和工厂逻辑架构的设置等。通过数字化工厂协同平台借助工厂模型对从订单下达到产品完成的整个生产过程进行优化管理,工厂建模在车间底层数字化与管理上层信息化之间架起了一座桥梁。建立数字化工厂模型是实施数字化制造协同平台的前提条件。

如图 7-6 所示,案例企业基于 Mestar 平台,遵循 ISA-SP95 标准,通过 UniMax-MES 维护生产制造基础数据,建立了灵活、可配置的工厂模型,进行系统业务配置和系统管理配置。

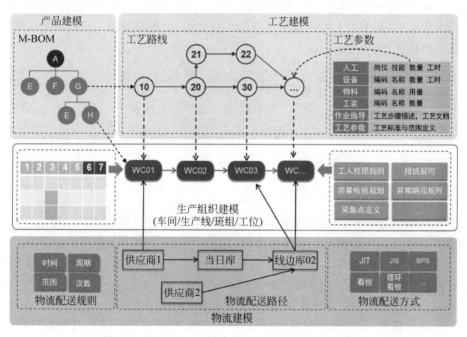

图 7-6 基于 Mestar 平台的灵活、可配置的工厂建模

UniMax-MES 标准化工厂建模主要包含 6 个部分:生产组织建模、产品建模、工艺建模、物流建模、质量建模、资源建模。下面主要介绍生产组织建模、产品建模和工艺建模。

1. 生产组织建模

生产组织建模主要有 3 个方面的用途:一是描述并配置出工厂组织在系统中的层级关系,即从质量部、采购部等业务部门到分/子公司、事业部等各个部门的人员、部门、车间之间的流程关系。二是建立各个工厂/车间独立的运作时间机制,即让实体工厂的运行模式和系统中的逻辑工厂运行保持一致。三是公司、工厂、场所、工作中心、工作单元,分别对应于独立运营生产单位、工厂/制造基地、生产车间、生产线/工作中心、生产设备/工位。同时,通过存储性工作中心和工作单元,可以方便地定义工厂的仓库和货位。

通过 UniMax-MES 可定义从独立核算的公司到工厂/事业部,再到车间/工段、工作中心/班组,直至工位/设备的完整的生产组织架构;同时系统也支持工序与工位的多对多关系设置,能很好地支持不同的产线布局形式。图 7-7 所示为 UniMax-MES 生产组织建模界面。以工厂定义为例,对制造业企业需要确定制造什么(what)产品,在哪个(which)工厂制造,而且通常还要确定如何(how)制造这些产品。而工厂是一个或多个地点(site)的汇集,对应于企业的物理工厂、事业部、制造中心。对于可以提供多个外协服务的供应商也可以定义为工厂,将其作为当前工厂生产资源的延伸。某个生产工单中某个工序的工作任务可以分配到当前工厂的工作中心,也可以分配到外协工厂的工作中心,分配给外协工厂工作中心的任务属于外协生产。

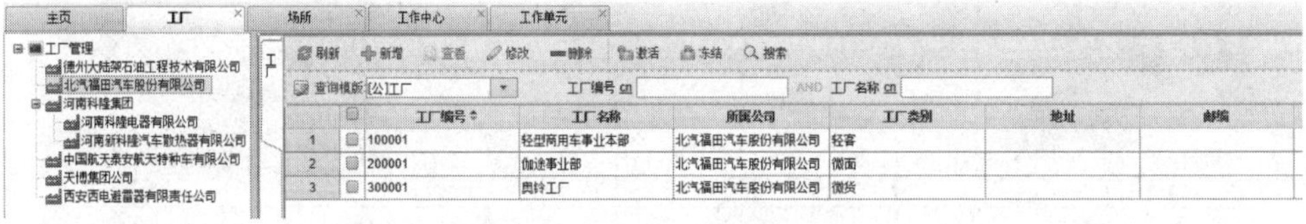

图 7-7 UniMax-MES 生产组织建模界面

2. 产品建模

产品模型是 MES 工厂模型的主要组成部分,其中产品 BOM 的管理占有举足轻重的地位。从研发部门一直到生产部门,从产品设计阶段一直到产品的生产和售后服务,BOM 的管理工作贯穿了整个产品生命周期。MES 需要的 BOM 数据是指导生产的制造 BOM,一般需要对 ERP/PLM 同步过来的 BOM 数据进行分析处理,其构成按产品-子物料建立关系,便于物料供应和加工组装。

产品由部件、零件和原材料/外购件组成。在系统中不区分是部件还是零件,而是通过零部件的层次来定义零部件的组成关系。产品 BOM 也可以包括可配置的零件/模块单元,同一模块的不同子件配置构成不同的产品规格,不同的产品规格对应于相应的产品子件配置表。图 7-8 所示为 UniMax-MES 通过树形结构对 BOM 进行展示和维护的界面。

3. 工艺建模

工艺建模用于搭建企业自制件生产的工艺路线。工艺路线是描述零部件加工、成品装配在生产组织中一条加工路线(加工步骤)的技术文件,是多道工序和工步的序列组合,即明确一个产品的生产方法。同时,确定各道工序和工步的标准工

图 7-8　UniMax-MES 通过树形结构对 BOM 进行展示和维护

时定额,建立工序与所需资源、工艺文件之间的关联关系。

MES 系统通过与 ERP/PLM 集成获取结构化工艺路线数据,包括工艺过程卡中的加工工序、工步及其使用的设备、工装资源等信息。同时也可以在 MES 系统中对工艺路线进行维护,包括工序顺序、工序内容、工序时间、工序控制标识等信息,以及维护工序和工步所需的资源,如图 7-9 所示。

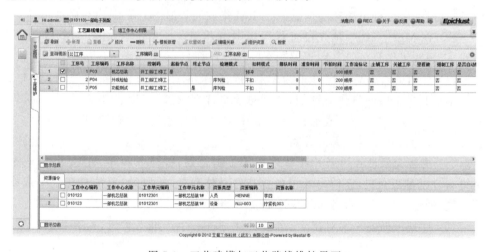

图 7-9　工艺建模与工艺路线维护界面

最后还要对产品与工艺路线进行关联。MES 系统通过产品与工艺路线维护,绑定产成品、半成品、物料与工艺路线的关系。一个产成品或半成品可以有多条工艺路线,但只有唯一一条默认的工艺路线,反过来一条工艺路线也可以用于多个产品。

7.2.4　生产计划与调度

1. 案例企业计划与调度模式

生产计划与调度是生产有序进行的基础,是现场生产作业的指挥棒。合理、准确的计划可以提高车间生产效率,避免异常的产生,从而提高企业的产品交付能力。案例车间 MES 系统计划与调度管理需求及目标如下：

(1) 生产计划拆分。MES 接收 ERP 生产主计划、PLM 工艺路线和制造物料清单(manufacturing bill of materials，MBOM)等信息，将主计划分解成按照工序分布的生产子计划(包含给智能设备的作业单)。例如，下料计划要支持多个拼装计划关联组合，并考虑与整个生产工作流的节拍、设备使用率、产线平衡的最优化匹配。

(2) 生产计划要求。保证物料配送、工艺路线、工艺参数等与生产任务匹配，保证批次任务之间的相互衔接，以及上下游工序的同步执行。

(3) 计划修改与取消。计划员在 MES 系统中可以手动修改或取消未锁定的原生产计划，同时系统给出当前修改或取消计划操作对后续未执行计划的影响。

案例车间的生产作业计划与调度模式如图 7-10 所示，其主要内容如下：

(1) 计划员在 ERP 中，依据销售订单编制主生产计划、原材料与外购件采购计划。生产计划经评审确认后，确定成品交付品种、数量、交货期。

(2) MES 通过 MestarMDI 与 ERP 集成，将确定的成品生产订单同步到 MES 中，同时根据生产订单的产品信息，与 PLM 集成同步 BOM 和工艺路线。

(3) 在 MES 系统中预先设置排程规则以及制造模型(工厂组织、BOM、工艺路线、资源及工作日历等)，用于编制车间作业计划。

(4) 计划员以成品生产订单为驱动，依据 BOM、工艺路线、排程规则，提前 3 天自动编制各工段的日作业计划，包括总装日计划、打砂与涂装日计划、车架拼焊日计划、模块拼焊日计划、成形日计划、下料日计划。确定任务顺序、批量、工序/工位开完工时间，并锁定 1 天的计划。

(5) 排版套料员在排版系统获取当天下料计划，按任务顺序、齐套性、材料种类进行合批排版套料，并传递给设备执行。对外购件，按拼焊、总装日计划生成要货计划，通过供应商平台发送给供应商备货和配送。

(6) 计划员提前 1 天对拼焊、总装日计划进行生产准备检查，检查物料齐套、设备工装、工艺文件准备情况，必要时根据准备情况进一步调整日作业计划，如调整顺序、分批、冻结等。

(7) 如生产准备到位，调度员/班组长提前 1 天或当天开工前，将任务分派到生产线工位和操作工，操作工通过工位终端接收任务并执行。

(8) 生产执行过程中如果有生产异常、工程变更、临时插单，可通过生产队列调整和在制工单调整进行异常上线、异常下线、分拆、冻结、解冻、改制等处理。

(9) 生产执行过程中通过 MES 终端实时采集生产报工和工艺参数，获取生产异常报警，用于跟踪计划进度，滚动重排作业计划，同时将生产实绩反馈给 ERP，更新生产订单，用于生产成本归集和 MPS/MRP 滚动重排。

第 7 章 离散型MES应用案例

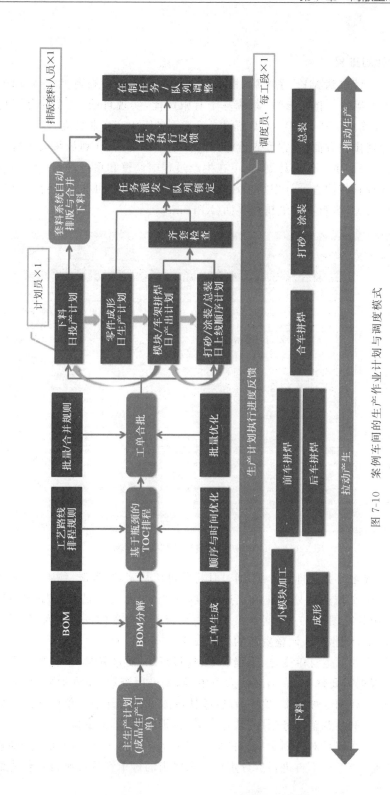

图 7-10 案例车间的生产作业计划与调度模式

2. 作业计划排程

在同步生产订单到 MES 系统后,根据配置好的计划策略规则、生产资源模型和产品工艺模型等计划排程参数,系统基于有限产能,实现自动、交互的可视化计划排程,生成准确的下料、成形、拼焊、涂装、总装等各级生产作业计划。

在自动计划排程方面,根据预先设定好的计划排程规则,计划员每天进行滚动排程,一键自动编制生产作业计划,也可在生产过程中调整和重排计划。计划编制后可以通过各种甘特图查看计划结果,并可手动调整计划,亦可撤销重排。图 7-11 所示为 UniMax-MES 自动计划排程界面(XPlanner)。

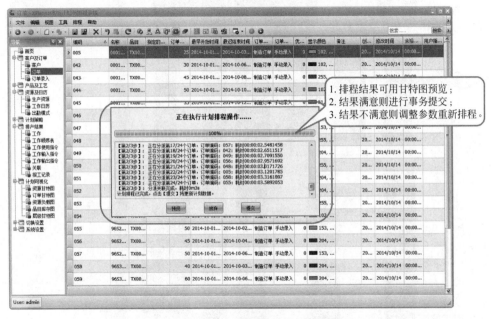

图 7-11 UniMax-MES 自动计划排程界面

在计划可视化与交互排程方面,通过甘特图可以从工单、资源、物料、时间等维度可视化展现生产作业计划。通过上述维度,每个资源,每天的任务安排一目了然。例如,资源甘特图(图 7-12)可以展示在每个资源上分配的任务队列,分析是否符合生产中心的计划要求,调整资源的任务安排。

生产过程中如发生订单变更、工程变更、物料短缺、质量异常、设备故障等变化时,计划员可根据需要修改、取消或插入工单,调整可用资源、安排加班,再通过系统临时滚动重排计划。如图 7-13 所示,通过甘特图可以对计划工单任务进行鼠标拖拽、手动调整,例如调整任务顺序、锁定任务、解锁任务、单独重排等。

对于生产时间较长对计划影响大的紧急插单,需要滚动重排计划。滚动重排时已经锁定的生产工单不再进行拆分重排。未锁定的订单默认按照订单优先级先

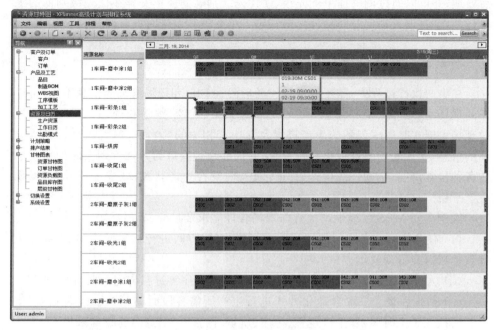

图 7-12　资源甘特图

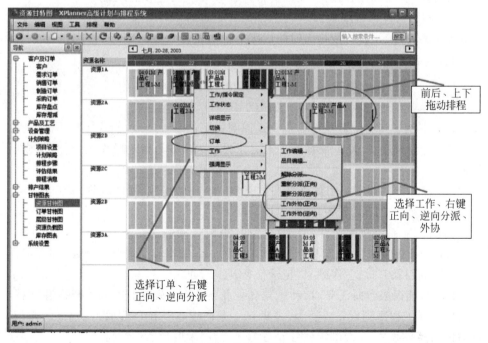

图 7-13　生产计划调整

后处理,并可以通过调整插单优先级,使优先级别高的插单安排在优先级别低的工单任务之前(设置锁定时间除外),未锁定工单在滚动重排时重新调整。

7.2.5 生产执行与现场管理

在生产执行过程中,需要综合应用条形码、RFID和现场终端等信息手段,实现车间现场生产进度、生产状态等信息的快速采集、反馈、跟踪和处理。同时需要通过现场大屏实时展现现场的生产进度及与生产相关的"人、机、料、法、环、测"等方面的信息,实现现场的可视化和目视化,并能够通过安灯与异常管理及时处置现场的各种异常情况,帮助一线生产管理人员及时掌控生产状况,减少生产异常,保证生产平稳。

案例车间MES系统生产执行与现场管理需求及目标如下:

(1) 任务执行。各工位根据当前生产接收的任务,进行相关操作,开工和完工等数据尽可能自动收集。

(2) 人员管理。实际操作人员与产品、设备、工序等进行绑定关联,便于追溯。

(3) 数据采集。采取自动化方式进行生产所需各段时间(物流、工装切换、生产、等待、人工工时等)及生产过程(生产、质量、设备等)信息等的数据采集。

(4) 作业指导。根据作业产品自动给出作业指导,在终端支持多种方式展示,相关人员在其权限范围内进行文档资料查看,并具备工艺防错功能。

(5) 报警管理。现场通过软硬结合的方式进行可视性警报,进行生产、物料、质量等报警管理,并具有按响应时间逐级上报功能。

此外,本系统所有通知支持微信等即时通信方式。

1. 生产执行作业模式

案例车间的生产执行作业模式如图7-14所示。

现对案例车间的生产执行作业模式说明如下:

(1) 计划调度员/班组长每天按工位分派下达任务给指定操作工,同时生成工件批次/序列号。

(2) 操作工通过现场工位终端扫员工IC卡/人脸识别,系统验证后登录上岗。系统绑定操作工、工位、设备,记录上岗时间。

(3) AGV系统按配送计划/工位呼叫,提前自动输送物料到工位,通过人工/自动读码/RFID读取物料信息,进行物料防错。系统自动启动开工任务,并绑定任务、工件/物料及其批次/序列号,记录任务开工时间。

(4) 系统根据当前任务,自动推送作业指导,指导操作工进行生产换装准备,系统传递加工程序到设备,进行设备调试。条码读取/RFID读取工装信息,人工/自动识别换装通过,系统绑定任务设备与工装,记录换装准备时间。

(5) 操作工按作业指导开始加工作业。人工/自动记录加工开始时间,作业过程中系统自动采集和监控过程工艺参数,如焊接电流、温度、速度等。

第 7 章 离散型MES应用案例 127

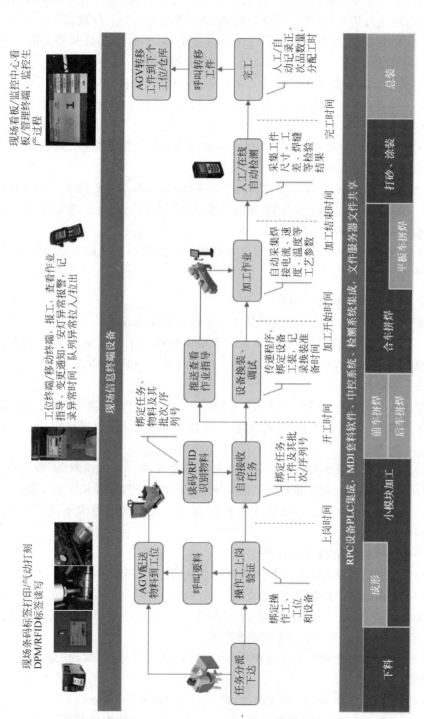

图 7-14 案例车间的生产执行作业模式

（6）工件加工完成后，人工/自动记录加工完成时间，通过人工检测或在线自动检测系统进行检验，系统记录检验结果，如工件尺寸、公差、焊缝等。

（7）依据检测结果，系统自动在工件上打刻自动零部件标识（direct part mark，DPM）码或写入工件信息到容器上的 RFID 标签。系统在自动报完工后，记录任务完工时间、正品和次品数量。如果是多人操作，则自动分配作业工时到每个操作工。系统更新工单状态，并将采集的工单任务生产实绩反馈给 ERP 用以进行成本核算。

（8）系统提前自动呼叫/人工呼叫 AGV 系统，将完工工件输送到下一工位/缓冲区/仓库。

（9）生产过程中，操作工通过现场工位终端/移动终端处理任务、报工，查阅技术工艺文件。如果发生设备故障、物料异常、操作问题等，通过工位安灯进行报警，系统记录异常时间和等待时间。

（10）生产过程中，通过分别部署在现场和监控中心的大屏看板、管理终端实时监控生产过程。

2. 数据采集方式与采集点

案例车间 MES 项目的数据采集主要采取以下几种方式：

（1）通过现场终端进行数据采集。根据生产现场工况和操作要求，可使用工控平板、手持终端（PDA）、平板终端（PAD），通过条码、RFID、语音、拍照、人工录入等方式采集数据。

（2）通过设备集成进行数据采集。通过 UniMax-RPC（实时过程控制系统）集成焊接机器人、数控折弯机控制系统采集加工工艺参数，如焊接电流、温度、速度等。

（3）通过检测系统和检测工具集成进行数据采集。通过与视觉/激光检测系统、数字激光测量仪、数字量具等系统集成，采集加工工艺参数和检测结果。

（4）通过手工方式进行批量数据采集/补采。用于实时要求不高或不重要的工位报工和补采。

本案例现场终端的选用原则如下：

（1）在现场布设条码打印机作为工件条码、容器 RFID 标签集中打印点。

（2）为移动作业操作工、物料配送人员、检验人员、生产管理人员配备手持终端或平板终端，以便于移动采集数据、处理业务。手持终端同时支持条码、RFID、IC 卡读写、拍照、语音等多种方式采集数据。

（3）工位固定终端采用工业级触控一体机，落地放置，可移动，带四色竹节灯蜂鸣器。

（4）采用超高频 RFID 读写设备，最大读写距离可达 1~2m。

（5）在现场布设 LED 智能电视，作为生产看板和物料配送看板。

案例车间现场终端布设示意图如图 7-15 所示（几何图标中的数字表示布设数量）。

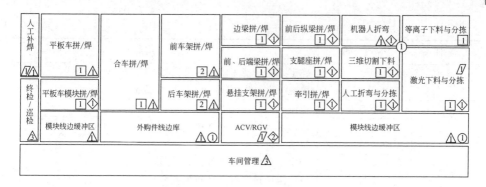

图 7-15　案例车间现场终端布设示意图

(1) 固定终端：在现场下料、人工折弯、拼装工位布设，共 17 套。

(2) 移动终端：在机器人折弯、机器人焊接、人工补焊工位，以及终检/巡检、线边库/缓冲区、车间管理人员工位布设，共 15 台。

(3) 条码打印机：在下料区、外购线边库、模块缓冲区布设，共 3 台。

(4) RFID 读写器：在分拣区、机器人作业工位、AGV 小车上布设，共 13 套。同时移动终端也支持 RFID 读写。

(5) 大屏看板：在车间两端和中间线边库区布设，共 3 套。

3. 物料标识与现场打印

条码和 RFID 是物料/物品标识的主要方式，是系统收集信息的载体。通过条码和 RFID，在生产执行过程中采集物料信息，跟踪物料的流转，可提高生产跟踪追溯和数据采集的工作效率，防止数据错误，并减少一线工人的工作量。通过 RFID，则可进一步实现数据自动采集和物料自动跟踪定位。同时通过将产品的关键信息如生产批次、生产日期、关重件信息等记录在 RFID 标签中，以支持产品质量跟踪追溯。

本案例中，条码标签作为物料(外购件、自制零件、部件、成品)在生产过程中的唯一识别标识，用于生产过程中的生产报工、质量检测、在制品跟踪、信息查询等。物料条码标签作为库存物料识别标识，用于物料收发和防错等。通过条码技术，可将系统所涉及的关键信息条码化，实现快速扫码报工，跟踪物料流转。同时通过系统数据集成传输的方式，减少由于手工输入带来的错误以及不能及时同步和更新的问题。表 7-1 列出了本案例中的条码用途。

表 7-1　本案例中的条码用途

类别	条码	用途
人员	员工号	记录作业人员及其上、下岗时间
工单	工单号	确定生产工单任务
	派工单号	确定工单对应的派工单号
	工序号	确定当前操作工序

续表

类别	条码	用途
物料	物料编号	确定产品或使用物料信息,关键物料防错
	批次/序列号	跟踪一批/单个原材料、半成品、成品
质量	缺陷类型	快速录入质量缺陷类型
	缺陷部位	快速录入质量缺陷部位
资源	工位号	快速定位当前工位
	资源编号	确定作业使用的资源信息,工步引导防错
	设备编号	快速定位设备及其执行的任务
	常见故障	快速录入设备故障原因

物料条码是跟踪物料流转的标识,对生产与物流具有指导意义。生产派工后,工段长/班组长需要通过MES系统生成工件条码标签。通过管理终端打印条码标签,并下发到现场,也可以由操作工在现场条码打印点自行打印条码标签,系统提供条码打印份数记录。同样,库管员也需要通过MES终端打印关键物料条码等,用于采集物料信息。

4. 生产执行与报工

MES系统通过扫条码、RFID读取、设备集成和人工录入等方式采集生产过程数据,并将工单、工位、设备、工装、人员、产品、物料等维度关联起来,记录任务工时及完工情况、关重件、质量缺陷等信息,跟踪订单和生产任务的执行过程。具体执行过程如下。

1) 工位登录上岗

在计划调度员/班组长分派生产任务后,生产现场工人通过工位终端扫员工IC卡登录,也可以通过终端摄像头进行人脸识别验证登录。系统根据生产派工和操作工权限设置,验证操作工是否被允许在当前工位进行作业。如果是1个采集点对应多个工位或移动终端登录,操作工可选择允许的工位上岗。上岗登录后系统关联操作工、工位、工位设备,并记录上岗时间。

2) 任务开工与检查

员工上岗后,如果开工任务是当班第一个任务,则可提前人工呼叫AGV系统配送工件、物料到工位;否则AGV系统按配送计划和上一任务完成进度自动进行工件和物料配送。

MES系统在开工时自动判定开工条件是否具备,包括操作工及其工位是否与计划派工一致,操作工资质及有效期是否符合工序设定的要求,工件、物料与任务是否匹配,是否有跳序、漏序,操作工是否按要求阅读了必要的技术图文档,如变更通知等。

如果开工检查通过,MES系统则关联工单任务、产品及其批次/序列号、物料及其批次/序列号、设备、工位、操作工等关键信息,记录工序开工时间,开始工序生产作业；否则系统报警提示。

3）换装与调试准备

开工后，如果为批次首件，则需进行换装与设备调试，调试通过后方可正式开始加工作业。

（1）下料工序。MES将日下料计划传递给SmartNest套料软件，下料排版员通过套料软件获取PLM的零件图，并进行套料排版。生成的下料图和下料程序传递至文件服务器指定的文件目录中。下料中控系统根据下料清单分配下料任务给不同的下料设备，并从文件服务器中获取下料图/下料程序传递给下料设备执行。

（2）机器人折弯、机器人拼焊、机器人焊接工序。MES将任务信息、工装参数、工艺参数、加工程序号传递给设备控制系统。工装调整时，工装上的传感器将工装调整信号传递给设备控制系统，设备控制系统根据工装参数验证工装调整是否正确。然后设备控制系统将工艺参数、加工程序号传送至设备调试程序。

当换装与调试完成并验证通过后，系统获取设备控制系统传递的调试完成信号，自动记录换装准备时间。

4）作业执行与数据采集

生产准备完成后，系统根据自下料中控系统、机器人折弯、机器人焊接等自动设备获取的开始加工信号判定加工开始，自动记录加工开始时间。人工折弯、人工拼装工序由操作工人工确认加工开始，按作业指导、工步引导进行作业操作。

生产作业过程中，MES系统通过与设备集成采集加工工艺参数，与在线测量、焊缝检测系统集成采集检测结果，记录到系统并监控工艺参数和检测结果是否符合标准工艺要求，如采集、监控焊接电流、温度、速度等。

5）检验与报完工

加工作业完成后，通过系统集成从下料中控系统、机器人折弯、机器人焊接设备获取停止信号，系统自动记录加工完成时间。人工折弯、人工拼装工序由人工确认加工完成。如果有在线检测系统，则系统自动根据在线检测系统的检测结果判定工件是否合格，如焊缝检测、数字激光尺等，同时记录完工数量和检测结果，如工件尺寸、公差、焊缝等。如需人工自检/专检，系统则自动报检并生成检验任务，并通过短信/消息、车间看板等方式通知检验员进行专检，操作工或检验员通过系统以人工录入、语音录入的方式录入检验结果。如果检验未通过，系统自动发起质量异常，走不合格品处理流程，进行相应的处置，如返工返修、报废等。如果检验通过，设备自动在关重件上打刻DPM码或写入工件信息到容器RFID标签。操作工提前人工呼叫/系统自动呼叫AGV系统，将完工工件输送到下一工位/缓冲区/仓库。检验完成后，系统自动更新工单状态为完工，记录任务完工时间、正品/次品数量。

系统同时将工单任务生产实绩反馈给ERP用以核算成本，如果为工单完工，系统自动生成入库交易传递给ERP入库过账。如果交班时工单任务未完成，则由带班长确认作业时间、完工数量和进度比例、交班事项。如果是多人操作,则按设定的计算规则自动分配作业工时到每个操作工。操作工可以通过现场终端查询自己完成的任务数量、工时等统计数据。

7.2.6 系统集成

UniMax-MES 通过调用基于 SOA 架构的 ESB 集成平台实现数据传输,在 PLM、MES、ERP、AGV、SCADA、SmartNest 套料软件等系统之间低耦合集成,实现生产管理业务和现场执行业务以及进、销、存财务成本管控的深度融合。

1. 与 ERP 系统集成

UniMax-MES 与 ERP 的集成可分为两类数据:动态数据和静态数据。静态数据集成的内容包括物料、员工、部门、供应商、客户等基础信息;动态数据集成的内容包括生产订单及其报工数据、物料在途数量、物料库存交易、检验数据等。

UniMax-MES 与 ERP 系统的集成方式是 RPC、Web Service、数据库中间表,信息集成的内容包括:

(1) 制造数据,即将 ERP 物料、员工、部门、供应商、客户等基础信息传递到 MES,用于 MES 的基础数据定义。

(2) 生产订单,即将 ERP 计划生产订单同步到 MES 系统,用于作业计划编制。

(3) 工序完工进度,即 MES 将生产完工的进度信息(报工信息)反馈给 ERP,由 ERP 完成成本核算。

(4) 物料库存信息,即将 ERP 物料库存、在途等信息传递给 MES,用于齐套检查。

(5) 物料交易信息,即 MES 反馈物料线边库出入库交易信息给 ERP。

(6) 其他信息,即将 ERP 的组织、人员、供应商、客户等信息同步到 MES,用于 MES 的基础数据定义。

2. 与 PLM 系统集成

UniMax-MES 与 PLM 系统集成的主要目的是:TeamCenter PLM 向 MES 传递 BOM、工艺路线数据和技术图文档,用于计划排程和制造现场生产作业,从而实现无纸化生产。

UniMax-MES 与 PLM 的集成方式是 Web Service、数据库中间表、超级链接、文件服务器,信息集成的内容包括:

(1) 制造数据,即将 PLM 中的 BOM、工艺路线传递到 MES,用于 MES 的计划排程、物料管理。

(2) 技术图文档,即通过 MES 系统与 PLM 对接,在 MES 中电子化查询指定文件名、版本的技术文件,包括各类图纸、工艺规程、作业指导书、装配爆炸图和数控程序等。

3. 与 AGV 系统集成

UniMax-MES 与 AGV 系统集成的主要目的是将物料配送需求传递给 AGV，并获取 AGV 物料配送执行结果。

UniMax-MES 与 AGV 系统的集成方式是 Web Service、数据库中间表，信息集成的内容包括：

（1）物料配送需求，即 MES 传递已下达生产工单的物料配送需求信息给 AGV，包括工单号、物料名称、数量、计划配送时间、工位、货位等信息。

（2）物料配送结果，即 AGV 将配送执行结果反馈给 MES。

4. 与 SmartNest 套料软件系统集成

UniMax-MES 与 SmartNest 套料软件系统集成的主要目的是将下料计划传递给套料系统执行。UniMax-MES 与 SmartNest 套料软件系统的集成方式采用 Web Service、数据库中间表、超级链接、文件服务器，信息集成的内容包括：

（1）下料计划，即 MES 传递当日下料计划给套料系统，套料系统反馈下料计划执行结果给 MES。

（2）下料图，即套料系统传递下料图给 MES 和下料中控系统。

5. 与 SCADA 系统集成

UniMax-MES 与 SCADA 系统集成的主要内容是设备状态、工艺参数和数控程序等信息，集成方式采用 API、Web Service、数据库中间表，信息集成的内容包括：

（1）设备状态信息，即 SCADA 将设备状态、故障信息反馈给 MES。

（2）生产加工信息，即 MES 将加工任务、加工程序号和标准工艺参数传递给 SCADA，SCADA 将执行过程中的工艺参数实际数值反馈给 MES。

本次 MES 系统的实施，将案例车间的生产数据流、制造工艺流、物流进行了有机统一，实现了涵盖计划、生产、质量、物料、设备管理的生产制造过程管控一体化，保证了车间生产柔性化、流程规范化、过程透明化、质量可溯化、设备联网化和系统集成化。UniMax-MES 系统的实施运行，不仅降低了生产成本，改善了产品不良率，还提升了异常反馈速度和管理流程，减少了因缺料造成的现场停线，提高了生产效率，提高了客户满意度（通过产品追溯功能），为案例企业的数字化、智能化工厂建设奠定了坚实的基础。

UniMax MES 产品介绍视频

第8章

流程型MES应用案例

与离散制造业相比,流程型 MES 主要具有以下特点:①流程工业生产环境苛刻,生产过程包含复杂的物理、化学变化及各种突变和不确定性因素,因此对应急处理和例外处理的动态响应要求严格。②流程工业 MES 不仅要集成物料流和信息流,还包括集成能源供应流(能量流),因此 MES 的调度决策功能需要对物料和能量提供最佳控制策略。优化决策不仅以提高生产效率和降低生产成本为目标,还将节省能源、减少污染等目标考虑在内。③流程工业中的 MES 决策具有混杂性,决策模型中不仅包括连续过程变量,还包括离散过程变量。为了对生产过程及产品质量进行控制,必须建立反映连续过程主要物理、化学变化的过程模型,并将过程模型与优化模型结合起来。总之,流程型 MES 以安全、稳定、低耗、柔性、质量、收率等为生产管理与控制的重点优化目标。

本章以典型的流程型 MES 产品(解决方案)Honeywell MES 为例,介绍流程型 MES 系统的功能、特点及其应用案例。

8.1 Honeywell MES 解决方案介绍

Business.FLEX 是美国霍尼韦尔公司(Honeywell)用于流程工业的 MES 产品套件。该产品由价值链管理、高级计划与调度、操作管理、油品调和及储运自动化、生产管理5个应用套件,共30多个模块组成。其中,与生产过程管理相关的核心模块有 Web 应用平台(WorkCenter PKS)、计算引擎(BizCalc,一个高级计算管理工具,可以对各类数据进行大量复杂的计算处理和验证,为 MES 其他应用模块或者外部的其他应用系统提供数据基础)、操作管理(OM)、物料平衡(PB)、绩效管理(KPIM)、资产管理(Asset Management)、能源管理(EMS)、统计过程控制(SPC)、无线巡检(Intelatrac)、ERP 接口(Business Hiway)、综合信息展示平台(EAF),以及化验室信息管理系统(LIMS)等。Business.FLEX 产品套件与数据管理平台 Uniformance 构成了霍尼韦尔用于流程工业的 MES 解决方案 Honeywell MES,其结构如图 8-1 所示。

Honeywell MES 是典型的平台化解决方案,数据集成管理平台 Uniformance、Web 应用平台 WPKS、计算引擎以及报表工具等构成了 Honeywell MES 的基础

第 8 章 流程型MES应用案例

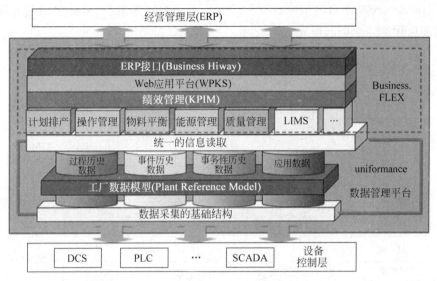

图 8-1 霍尼韦尔 MES 解决方案 Honeywell MES

平台,Business.FLEX 的所有业务模块均基于 Uniformance 数据平台运行。

Honeywell MES 将企业经营目标转化为生产操作目标,同时将经过处理验证的生产绩效数据进行反馈,从而形成了计划管理层、生产执行层和过程控制层 3 个层次的周期循环。Honeywell MES 通过制定生产计划、进行生产排产、形成操作指令,指导生产操作、监视生产状况、进行生产统计、实现物料平衡,进行实际与计划的比较,将生产结果反馈到 ERP 层,从而改进生产计划和生产流程,形成生产过程的闭环,对业务流程进行不断改善。专门的绩效管理模块可以对工厂各个层次各个专业的人员设定绩效指标,并进行实时监视,使所有人员的行为与公司的整体目标保持一致。Honeywell MES 采用统一的 Web 应用平台——IE 浏览器,实现生产信息在最大范围内共享,从而保证决策层能根据实时生产情况及时做出生产调整。

Honeywell MES 广泛应用于石油天然气、石化、化工、造纸、烟草等众多工业领域。该系统部署灵活、可伸缩性强,可应用于单一装置、全厂乃至整个集团公司的生产运营管理。下面具体介绍 Honeywell MES 解决方案的基础平台及主要功能模块。

8.1.1 数据管理平台

数据管理平台(Uniformance)为企业的数据采集、存储和管理建立了一整套统一、开放的一体化数据库平台与生产实时管控平台。开放型数据库系统可集成工厂所有的过程数据、商业管理数据并支持相关的应用。这种全厂范围内的数据库结构可保障工厂的管理部门使用一致的数据,从而提高工厂信息化管理水平。

Uniformance 平台的结构如图 8-2 所示,其由数据采集层、数据存储与处理层和桌面应用层 3 个层次构成。

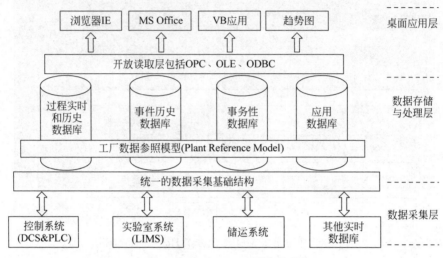

图 8-2 Uniformance 平台结构

1. 数据采集层

数据采集的准确和可靠可以为以后的应用提供保障。霍尼韦尔公司开发了一套统一的数据采集基础结构和连接多种系统的实时数据库的产品化接口 RDI(real-time data interface),使其能够像 DCS 一样运行。这些接口不仅包括霍尼韦尔系统的接口,还提供与其他主要 DCS 连接的接口,如 Foxboro 的 I/A,AB 的 PLC、OPC 服务器等。在采集实时数据的同时,还能采集非连续的数据,如实验室的分析数据、物料的移动数据及操作变更数据等。现代化企业大量采用 DCS 等自动化仪表及控制设备进行生产过程自动化控制。PHD(process history database)实时数据库具有与这些常用设备的接口和数据采集能力,包括 DCS、PLC、化验室数字仪表、数字流量计等。实时数据库软件包具有接口软件的开发工具,以便为特殊设备开发接口。

数据采集是实时数据库运行的基础,PHD 实时数据库可保证数据采集的实时性和可靠性以及实时数据的一致性和完整性。同时,数据采集接口能够方便地进行数据采集的定义和配置。

2. 数据存储与处理层

Uniformance 作为一体化应用平台不仅可以管理实时数据,还能实现对事件信息、事务性数据和应用数据的管理,在系统内部实现了实时数据库和关系数据库的无缝连接,极大地方便了管理应用软件的开发。实时数据库可用来存放原始数据和修正后的数据。原始数据可以是来自生产过程 DCS、先进控制系统、质量检验系统及其他自动化设备的实时数据。实时数据库还可以保存修正后的数据,包括校正数据、补偿数据及人工修正的数据。

PHD 实时数据库能够对各种来源、各种类型的数据进行合理组织,以标准化的数据结构存储于实时数据库中,既能保证数据的完整性、一致性,又能够方便数据查询和应用。PHD 实时数据库还能够按时间顺序长期保存实时数据及它们的统计值,如一段时间的平均值,最大、最小值等。这些历史数据的保存时间大大长于 DCS 或其他仪表。PHD 实时数据库软件还具有很强的数据压缩能力,以便利用有限的计算机存储资源存储更长时间的历史数据。

3. 桌面应用层

Uniformance 一体化应用平台提供的桌面应用包括基于 Web 服务器的数据库信息浏览、基于 MS Excel 的数据分析和报表、基于 PowerPoint 的监视和演示分析、基于 VB 的应用开发和功能强大的趋势分析功能等。通过使用开发平台和商用软件可以降低培训和升级费用,方便了用户的使用和维护。

工厂参照模型(plant reference model,PRM)是霍尼韦尔公司在 Oracle、SQL Server 等关系数据库管理系统的基础上开发的工厂信息模型,用于存储工厂设备信息、产品信息、PHD 组态信息和一系列事务性数据(如进料、产品装运信息等)。用户可以通过对 PRM 的组态,形成面向对象的管理数据模型。它可以存放全厂的设备信息、产品信息、物料流程信息以及实时数据的位号,不管是霍尼韦尔提供生产管理软件还是用户开发应用,PRM 都可以作为其基础和管理数据模型,从而大大缩短了实施生产管理软件的时间,提高了管理模块之间的关联性。PRM 动态连接实时数据库 PHD 和关系数据库,为工厂建立管理应用软件奠定了基础。

8.1.2 Web 应用服务平台

WPKS(门户网站)是霍尼韦尔 MES 生产管理信息系统的统一浏览平台与发布平台,也是一个全新的基于 IE 浏览器的 Web 应用平台,用于实现信息可视化。WPKS 的主要功能与特点为:作为信息发布网站,将流程图、报表实时发布;作为其他应用模块的发布平台;是一个可组态的 Web 应用平台,只需要进行简单的组态、配置,不需要进行开发工作。

如图 8-3 所示,WPKS 为 3 层结构,即数据层、逻辑层和展示层。基于这种 3 层架构,WPKS 为开发和配置强大的 Web 应用提供了框架,同时与其他基于 Web 的应用保持协调一致。

(1) 数据层,包括 PHD 实时数据库、Oracle 和 SQL Server 关系数据库。这 3 种数据库的数据通过 WPKS 的数据服务器上传。

(2) 逻辑层,包括 WPKS 的数据服务器、应用服务器和互联网信息服务(internet information services,IIS)。数据服务器把数据传送给应用服务器,应用服务器负责把 WPKS 的页面信息发送给 IIS 服务器,IIS 负责解析 WPKS 发送的信息。

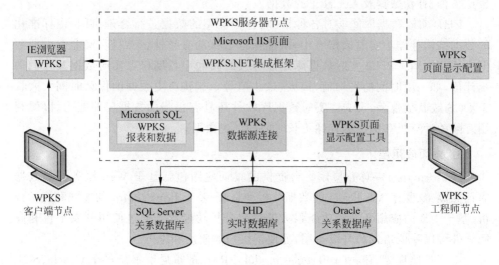

图 8-3　WPKS 的 3 层结构

（3）展示层，包括 IE 浏览器、HMI Web 图形编辑器。用户可以通过 IE 浏览器浏览流程图、趋势图等信息。HMI Web 用于制作用户流程图、趋势图等。

WPKS 基于 Microsoft 的 .NET 框架构建，支持所有 .NET 应用，准许用户以及第三方开发人员使用 Visual Studio.NET 进行客户化定制。

WPKS 通过与 PHD 的无缝集成实现了生产信息的 Web 浏览功能。WPKS 作为霍尼韦尔 MES 解决方案的基石，是一个全新的基于 IE 浏览器的应用平台，用于实现信息可视化、监视与分析以及决策支持。基于 WPKS 平台，PHD 利用其所存储的生产数据，可实现下面的主要应用功能：

（1）以图形的方式展示当前的设备运行状态，同时可将其他非实时数据展示在流程图上，并可以关联查询实时数据的历史趋势。

（2）展示资源实时动态信息，即实时展示当前的全厂资源动态信息和资源存储状况。

（3）以表格的形式展示实时数据。

（4）通过动态过程历史曲线展示实时数据的历史变化情况。

（5）流程回放，即对于某流程画面，可以按时间向前回放到任意时刻的状态，以便对生产进行跟踪查询。

（6）对数据采集接口状态进行实时监视，并对实时数据的质量进行实时监控。

（7）通过网页查询及使用实时数据库中的历史数据。

（8）通过网页人工录入数据。

（9）在流程图等图形展示界面中，可以随时方便地查看图中数据点的历史趋势曲线。

8.1.3 核心功能模块

1. 操作管理（OM）

操作管理是基于 Uniformance 平台之上的，可以通过它对各操作班组的表现进行考核和监视。操作管理能够帮助下达基于不同加工方案的调度指令，实现平滑交接班以及交接班日志的电子化。

操作管理可实现一套完整的生产装置操作管理流程，通过对一系列主要生产操作指标的管理为生产管理部门提供决策依据，同时为实施全厂的绩效考核提供考核依据和手段，并以友好的界面提供给使用者。

操作管理具体实现如下目标：

（1）使操作更接近真正的最优目标值。

（2）采用更精确和一致的上、下限设定值，以减少事故。

（3）更好地分析发生事故的根本原因，避免类似事故的发生。

（4）使交接班能够平滑进行，减少错误的发生率，从而提高生产效率。

（5）帮助企业建立一套精细的操作管理流程，以提高企业的竞争力。

（6）提供一套用于监视生产装置性能的工具，为生产管理部门提供决策依据，同时为全厂的绩效考核提供依据和手段。

操作管理帮助生产人员通过对装置和生产流程的精细化管理来提高产品的产量和质量并确保装置的平稳运行，通过 3 个互为补充的子模块相互协作来完成精细化管理的目标。霍尼韦尔操作管理的 3 个子模块分别是操作监视（operations monitoring）、操作指令（operating instructions）与操作日志（operations logbook）。

（1）操作监视。操作监视负责监控生产装置关键数据的实时采样结果，并将该结果与工艺专家为其指定的指标上、下限进行比较，同时记录其超标情况，最后提供一个操作界面供授权人员为超指标数据输入超标原因和相关的建议与意见等。这样一个流程完整地实现了"监控-反馈"的闭环控制。

（2）操作指令。操作指令配合操作监视协同工作，负责完成对监控目标的指标上、下限更改工作，以及为装置生产人员下达指令，用以完成生产方案变更等操作。操作指令在其生命周期内执行一套完整的"生成-审批-激活"流程，确保了生产过程中各个环节的参与者都能够了解生产的全过程，并配合好其他岗位人员共同完成生产工作。

（3）操作日志。操作日志模块为现场操作人员提供了一套记录当班生产情况的工具，可以实现班组交接记录的电子化。

2. 物料平衡（PB）

物料平衡是指产品或物料实际产量或实际用量及收集到的损耗之和与理论产量或理论用量之间的比较，并考虑可允许的偏差范围。对每一道工序之间的投入、产出均进行物料平衡，可以从根本上杜绝由于物料不平衡造成一部分原材料流失。

物料平衡是流程工业生产管理的重要工具,关系到企业生产的投入与产出,可反映出产品的分布情况以及生产与计划之间的偏差。

物料平衡利用高级的统计数据校正技术实现数据校正,具有识别可能的移动丢失和不正确的测量的能力。该模块的应用将在很大程度上减少人工手工记录、查表和计算过程,并快速、准确地实现物料一天一平衡功能,使生产管理人员和操作人员能实时、准确地了解产品库存、装置生产状况等信息,为合理地调配和利用各种生产资源、优化安排装置生产起到巨大的推动作用,为企业内各种生产资源合理的调配与利用奠定基础。每天进行一次物料平衡计算,可以使生产管理人员及时找出不合理的物料丢失原因,有利于进行每日的成本核算、监控和管理,从而及时组织和调整生产,实现生产、经营过程的整体优化,降低生产成本,提高企业的经济效益。

按照功能划分,物料平衡包括 TPI 建模工具、工厂参考模型、PB 引擎、SDR 引擎、PB 客户端等几个功能模块。

(1) TPI 建模工具。TPI 是一个基本的建模工具,采用 Client/Server 的用户界面建立物料平衡模型。TPI 可以用来定义平衡组、平衡边界,建立设备之间的连接关系,创建和维护产品(物料)、产品组和产品属性,同时确定物料流向。

(2) 工厂参考模型。工厂参考模型 PRM 是 Honeywell MES 软件包中的公用数据模型,用于存储和管理工厂的基础数据。它包括工厂架构、装置、管线、储罐情况,以及其他关联信息等。

(3) PB 引擎。PB 引擎是初始平衡预处理器,它负责从 PHD 中收集过程测量的原始数据,包括库存、流量和其他测量数据,然后与产品的移动记录(通常为手动记录)合并在一起,生成一系列原始记录,同时把测量单位转化为平衡单位(如把体积量转化为质量)。

(4) SDR 引擎。SDR 引擎是利用数学统计方法解决平衡问题的处理器。它利用工厂的冗余测量能识别不正确的测量、可能丢失的物料移动或不正确的物料移动,利用已有的测量值推算没有测量的物流和库存。

(5) PB 客户端。PB 客户端是基于 Client/Server 结构的应用软件,是进行数据整定和分析的人机界面,也是物料平衡工程进行日平衡的主要工具。

3. 绩效管理(KPIM)

KPIM 帮助企业整合主要绩效指标的计算,然后分析得到的结果。KPIM 提供了能够及时查阅关键绩效指标(key performance indicator,KPI)计算结果及 KPI 完成状况的工具。KPIM 的主要功能如下:

(1) 从企业内各信息源获取相关信息进行 KPI 的计算并进行监视。

(2) 提供历史与实时 KPI 记录,帮助进行问题分析。

(3) 可以有效地进行 KPI 体系的维护。

(4) 提供 KPI 结果实时显示与报表打印。

(5) 在线计算和监视 KPI。

(6) 从多种数据源计算 KPI。

(7) 把 KPI 数据组织成有意义的层次结构。

(8) 提供 KPI 记录,为绩效出现偏差提供原因分析。

(9) 追索 KPI 出现偏差的根源。

KPIM 有助于实现更快、更有效的决策。KPIM 自动收集源数据,自动计算 KPI 结果,并自动发布所得结果。多个 KPI 能够被组织成一个完整的分级 KPI 系统。各级管理者能够从上到下监控整体业务执行的情况,并能够了解在哪里出现了偏差以及出现偏差的原因。通过从高层次的 KPI 往下查找分析其各个相关部分,为决策层提供决策依据。

KPIM 能够与 MES 的其他应用连接在一起,持续地报告结果。KPIM 是一个标准的 Business.FLEX PKS 应用,它能够利用 Business.FLEX PKS 的应用——工厂参考模型配置,共享其他应用的结果。比如说,现有的操作统计出的偏差能够容易地与 KPIM 联系起来。图 8-4 所示为一 KPI 监视页例图。

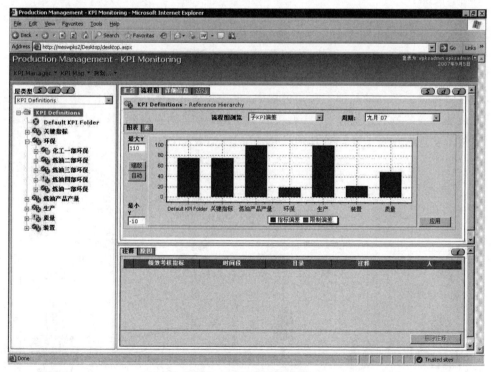

图 8-4　KPI 监视页例图

4. ERP 接口(Business Hiway)

霍尼韦尔的 ERP 接口产品 Business Hiway 可以有效地操纵向上传送工厂的信息,诸如库存和生产的信息,也能向下下载公司级诸如订单和规格等要求,它还为与 ERP 集成提供了现成的组态方法以降低集成成本。通过 Business Hiway，Business.FLEX 的所有应用（如物料平衡等）均能与 ERP 集成，从而可以实现工厂生产管理与 ERP 的一体化。

Business Hiway 能够同 Uniformance PHD 以及 Oracle 关系数据库等进行无缝连接，同时其核心 XML Service 与 ERP 系统能通过 HTTP 进行数据的交换与传输，很好地克服了数据传输的距离和速度难题。

8.2 Honeywell MES 石化行业应用案例

8.2.1 案例背景

某石化公司是以炼油化工为主，生产多种油品和化工产品的现代化大型石油化工联合企业。石化行业是典型的流程工业，其核心业务流程涉及原油储运、油品加工和产品发运 3 项主要业务。其中，油品加工涵盖将原油加工成产品的整个过程，也是石化企业生产管理业务的重点。

如图 8-5 所示，整个石化生产过程涉及油品的多次流转及物性的改变，从原油运输进厂，到输入一次加工装置（以物理反应过程为主）、二次加工装置（以化学反应过程为主）、精制装置等进行油品加工，然后输出至罐区进行油品调和，直至产品合格。在这一系列油品加工移动过程中，涉及大量过程数据的实时采集与分析、生产现场设备与物料的监控、生产调度优化、能源合理供应等问题，迫切需要利用信息技术实现石化企业生产管理的优化。

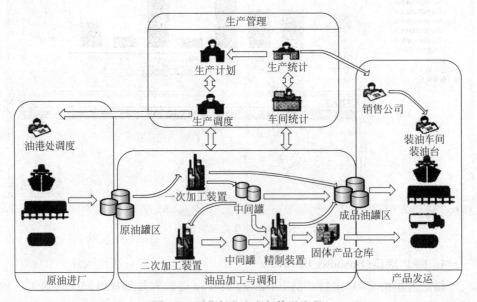

图 8-5 石化行业生产与管理流程

以案例企业为代表的石化行业生产过程管理所面临的主要挑战是：

(1) 过程优化困难。石化企业的生产决策具有混杂性，决策模型中不仅包括连续过程变量，还包含离散过程变量。为了对生产过程及产品质量进行控制，必须建立反映连续过程主要物理、化学变化过程的过程模拟模型，并将过程模拟模型与优化模型结合起来。

(2) 生产操作复杂。石化企业生产环境苛刻，生产过程包含复杂的物理、化学过程及各种突变和不确定性因素。特别是装置启动、停机和应急处理等暂态过程的各项操作，不仅影响生产效率，还存在着安全隐患。因此，操作管理是石化企业生产过程管理的一项重要任务，它负责监督在其所执行的每一项操作中遵守操作步骤和规范，在连续、混合及间歇生产环境下为操作员提供流程启动、平稳运行及停机等过程的标准操作指令。

(3) 能耗高、污染重，必须考虑能耗优化问题。能耗成本占原油加工成本的70%以上，因此石化企业信息化不仅要集成信息流和物料流，还要考虑能量流的集成，使调度决策功能能够对物料和能量提供最佳控制策略，不仅要达到提高生产效率和降低生产成本的目标，还要实现节省能源、减少污染等目标。

案例企业实施 MES 的总体目标是利用实时信息系统监控整个生产执行过程，协助生产管理人员以最经济有效的方式管理和优化工厂的生产运行，建立企业信息化集成的纽带。具体实现上，以 MES 平台为基础，对生产调度、装置运行、产品质量等进行实时监测与管理，通过实现生产全过程的物流跟踪来发现生产过程中存在的问题，通过实现物料平衡来保证生产过程数据的准确性，通过生产计划与调度的优化实现生产管理的动态优化。

8.2.2 总体解决思路与 MES 体系结构

针对案例石化企业的背景及其生产管理需求，确定其建设 MES 系统的总体思路：以数据集成平台为核心，以物料平衡为主线，支持罐区管理、仓储管理、进出厂管理等关键业务。

(1) 以数据集成平台为核心。基于案例石化企业的核心数据模型建立统一的数据集成平台。核心数据模型包括工厂数据模型和业务数据模型。其中，工厂数据模型描述了企业生产工厂所涉及的工艺流程、加工装置、管道与拓扑连接关系、原料物性、产品质量等生产过程所涉及的对象，而业务数据模型侧重描述生产管理相关的核心业务流程。核心数据模型为 MES 系统提供了统一的数据视图。

(2) 以物料平衡为主线。物料平衡包括装置数据校正、调度平衡和统计平衡3个方面。①装置数据校正：基于装置的设计参数模型和装置投入与产出模型，从而实现装置级的物料平衡。装置数据校正的主要数据来源是生产实时数据采集系统、手工录入和其他系统。数据校正的结果作为全厂油品平衡和物料平衡的装置基础数据，提供装置投入与产出的统一数据源。②调度平衡：依据油品移动的节点模型,综合考虑装置校正数据,采用油品平衡算法实现全厂油品平衡。全厂油品平衡的结果主要满足生产调度部门的数据需求,并作为全厂统计平衡的数据基础。

③统计平衡:依据全厂物料逻辑模型,在全厂油品平衡的基础上,全面综合考虑气体和固体等数据,通过平衡推量,实现全厂物料统计平衡。全厂物料统计平衡的结果满足生产统计部门的业务需求,为 ERP 系统提供生产绩效数据支撑。

(3) 支撑罐区管理和仓储管理等关键业务。通过 MES 系统的实施,全面支持罐区管理、仓储管理、进出厂管理、计量管理、化工辅料管理等企业关键业务。其中,罐区管理实现罐区操作管理、罐区监控和罐区台账管理,仓储管理实现固体仓库的出入库管理、库存管理和仓储台账管理,计量管理实现进出厂的计量单管理和计量台账管理,化工辅料管理实现化工辅料的数据采集、汇总平衡和报表管理。

基于上述总体解决思路,应用霍尼韦尔的 MES 解决方案建立图 8-6 所示的 MES 应用体系结构。

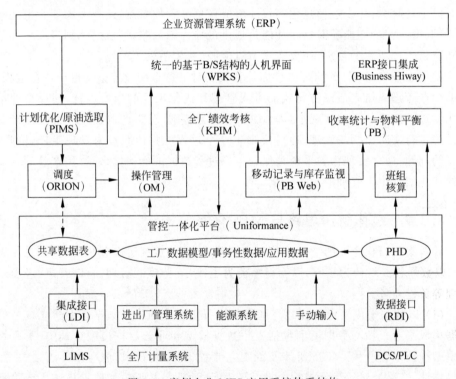

图 8-6　案例企业 MES 应用系统体系结构

该 MES 系统主要由 Honeywell 的一体化数据管理平台 Uniformance + Business.FLEX 应用套件构成,包括操作管理、移动记录与库存监视、收率统计与物料平衡、全厂绩效考核、与 ERP 系统的接口,以及统一的 Web 应用平台 WPKS 和管控一体化平台(Uniformance)等部分。MES 辅助系统主要包括进出厂管理系统、能源系统、全厂计量系统。进出厂管理系统由国内开发,其数据来自全厂计量系统。

案例企业的 MES 系统包括下列几个功能模块：

（1）管控一体化平台。利用 Uniformance 提供的工厂参照模型 PRM 建立 MES 应用的工厂数据模型，同时利用 Uniformance 中的关系数据库存放 MES 的应用结果，使其成为案例企业 MES 的管控一体化平台。

（2）统一的 Web 应用平台。利用 Honeywell 的 Web 应用平台 WPKS 为 Business.FLEX 应用提供统一的基于 Web 的人机界面，在方便用户使用的同时，降低维护和使用成本。

（3）操作管理。利用 Honeywell 的操作管理套件(由操作指令、操作监视、操作日志以及与 LIMS 系统的集成接口构成)，实现由调度部门产生的调度令可以电子化地下达各生产车间，同时可以实时监视调度令的执行状况，实现对操作的精细化管理。

（4）移动记录与库存监视 PB Web。利用 Honeywell 的物料平衡(PB)提供手动记录物料移动的 Web 界面 PB Web，罐区或装置操作员利用该界面输入发生油品移动的记录，同时被保存在数据库中，为物料平衡应用使用。

（5）收率统计与物料平衡。利用 Honeywell 的收率统计与物料平衡应用，实现收率统计和物料平衡功能。它从 Uniformance 的实时数据库 PHD 中获得过程的测量数据，从 PB Web 中获得物料的移动记录，采用 SDR 的数据校正技术和独特的移动错误诊断技术，实现物料的日平衡，并满足以后实施 ERP 时对生产统计的要求。通过 PB 的工程化实施可以实现全厂的净物料平衡、罐区平衡和装置平衡。

（6）全厂绩效考核。利用 Honeywell 的全厂绩效考核应用(KPIM)，从生产管理的层面实现工厂实时、量化的绩效考核，这种考核是面向各个层面的生产管理人员进行的，同时可以实现各层次绩效的相互关联。KPIM 的各 KPI 可以来自其他 MES 的应用，如操作管理应用、移动记录与库存监视应用、收率统计与物料平衡应用等。

（7）与 ERP 系统的接口。利用 Honeywell 提供的与 ERP 系统的集成接口 Business Hiway，实现 MES 与 SAP 多个应用模块的集成，如 PP、MM、SM 等。

（8）进出厂管理系统。进出厂管理系统负责对全厂的原油进厂、产品出厂数据进行管理，并且把数据发送到 PHD 中供物料平衡使用。

案例企业 MES 系统的网络结构如图 8-7 所示。

8.2.3 主要功能模块的应用

案例企业基于 Honeywell MES 解决方案的应用主要体现在实时数据的采集与共享、操作管理、物料平衡、绩效管理、报表管理等方面。在计划调度层面，利用 MES 系统中的 KPI、PB 和报表功能，可以分析企业生产的投入与产出，直接反映出产品的分布情况，以及生产与计划之间的偏差。在生产管理层面，采用 PHD、

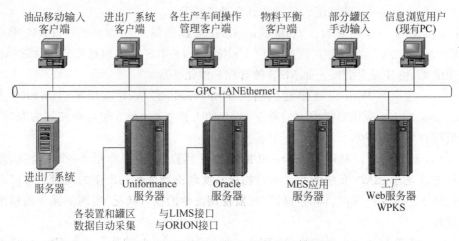

图 8-7 案例企业 MES 系统的网络结构

OM、PB 和报表功能,可以实现工艺技术指令的下达、审批和反馈,对装置关键参数的监控以及对超标情况的纠正,班组交接班日志的实时性、标准性,班组对装置关键参数出现偏差原因的分析与记录。其中,报表功能是针对案例企业 MES 系统和日常生产管理需求定制开发的,它贯穿所有的核心功能模块,将工艺技术人员的需求用简洁明了的报表体现出来,并进行简单的归纳和分析。该系统最重要的应用在于将生产相关数据全部整合在统一的数据发布平台上,计划经营人员、生产调度人员、工艺技术人员和操作人员均能及时了解生产状况和操作情况,下达或接收指令,改进工艺管理流程,提升工作效率。

1. 实时生产数据的采集与共享

案例企业实施 MES 系统之前,工艺技术人员及各级管理部门获取生产相关数据的途径是:首先由操作人员每天定时对装置的各项工艺运行参数进行人工记录,再由工艺技术人员将操作人员记录的数据录入工艺台账,这份工艺台账将作为指导日常生产操作的基础数据资料。若装置发生波动或者事故,针对波动前后几个小时内的数据则需要先通过仪表控制部门获得 DCS 的相关历史数据,再进行分析。

实施 MES 系统后,经过授权的人员可在任意时间、任意地点通过终端机访问任意一套装置,查看装置的运行状况。也就是说,工艺管理人员不需要到总控室,直接使用办公室的计算机就可以查看装置实时运行数据,并发送各种调整指令给操作人员,甚至是管理人员也可以通过 VPN 网络在家中监控装置的运行情况。上述功能由 PHD 模块实现,PHD 是整个 MES 系统应用的基础,它将 DCS 中的数据采集到 Uniformance 数据平台,使用 Workcenter Display Builder 绘制流程图,通过 WPKS 的 Desktop Console 发布到 Web 平台。这样极大地拓展了 DCS 的使用空间,实现了除调整操作以外的全部功能。图 8-8 所示是通过 WPKS 发布的装置流程图。

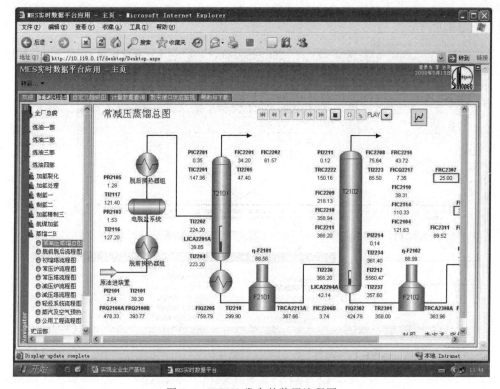

图 8-8　WPKS 发布的装置流程图

如图 8-9 所示，工艺管理人员可以针对一个或多个测量点查看历史趋势，利用系统提供的工具进行分析，并且可以将一段时间内的历史数据或历史趋势图保存下来，对撰写工艺分析报告有着很好的辅助作用。

此外，PHD 内的数据可以无限期保存，可以将工艺所需数据通过报表系统进行定制，例如工艺操作记录表、工艺台账等。这些工艺报表不仅可以通过 Web 页面的形式发布，还可以保存为 .xls 表格或 .pdf 文档等格式，为进一步的分析与研究提供了方便。PHD 模块的应用大大缩减了工艺管理人员和操作人员对现场监控数据的收集和初步分析时间，同时避免了数据收集不及时、不准确的情况。

2．操作管理

操作管理的目标是对生产装置进行精细化管理，从而提高产品的产量和质量，确保装置的安全运行。操作管理系统使得装置管理人员能够对装置的关键数据进行实时监控，并及时分析操作数据偏离的原因，从而对操作人员进行指导。由于操作管理基于实时数据库，使得装置班组之间的操作水平可以进行量化评价，例如班组能耗、班组操作指标的平稳性、操作质量的平稳性等。在操作指令方面，使得指令的执行更具程序化。使用操作管理系统降低了管理难度，提供了班组竞赛的条件，一定程度上提高了操作工的操作积极性。

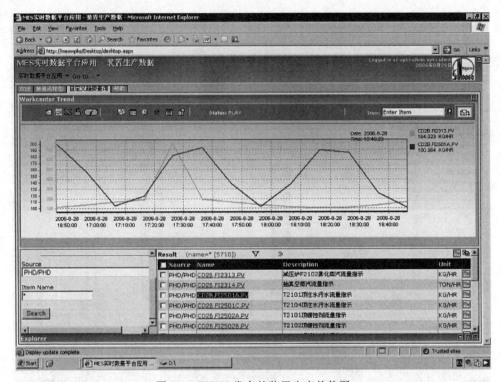

图 8-9　WPKS 发布的装置生产趋势图

操作模块中的操作指导是为生产调度人员和工艺技术人员在需要的时候对装置关键运行参数设定目标(既可以是上、下限也可以是目标值),并且提供从计划制定到操作执行的完整的工作流程。操作监控是对装置关键运行参数设定目标,与实际运行数据进行比较并在数据库中记录偏差,允许授权用户对偏差原因进行分析说明(见图 8-10)。利用操作监控和操作指导 2 个子功能,配合报表模块完成装置操作平稳率、装置质量合格率 2 个报表的数据统计和分析。同时,该功能改写了原来工艺指标的修改、下达、执行、检查等需要全手工操作的历史,将原来大量花费在其上面的时间节省出来用于分析装置负荷、能耗、稳定性等数据,从而优化工艺指标,促进装置工艺操作水平的提升。

案例企业操作管理的重点是装置操作平稳率管理。该系统能够自动记录、统计各生产班组关键操作参数的超标次数。超标计算方法是:若某项控制指标超出控制范围,就开始计算超标次数,如果在半小时内,控制指标回调至正常范围,记超标 1 次,半小时后每过 5min 累计 1 次。输入时间、班次后可以准确查询出结果。

以常减压蒸馏 3 号装置为例,在没有实行装置操作平稳率的测试阶段,装置由于操作波动造成的经济影响值达到 620(该数据反映了超标的工艺参数对装置的经济影响值,其值越大说明装置平稳率越低),在实行装置操作平稳率管理后,当月装置由于操作波动造成的经济影响值降至 47。这充分表明操作人员已利用该系

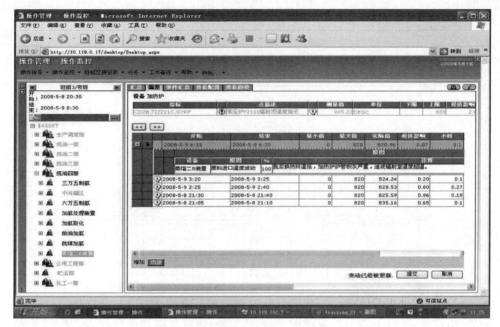

图 8-10 装置关键参数偏差详情及原因分析

统矫正了原来一些不正确的操作方法。工艺管理人员也可以通过各班组的经济影响值对比,找到每个班组存在的操作方面的问题,有的放矢地予以纠正,从而达到整个装置全面进步的目的。

3. 物料平衡

案例企业现行的物料平衡、收率统计完全建立在人工操作的基础上,不但效率低下而且容易出错,并且难以做到一天一平衡,在月底进行平衡时,很难合理地分配不平衡的量。在公司实施 ERP 系统时,也难以获得及时的生产消耗和日产量数据。因此,案例企业实施物料平衡的目的如下:

(1) 实现全厂范围级的油品物料每日一平衡,支持旬结算。

(2) 能耗做到周报和月平衡。

(3) 达到实物量(库存实际收到的实时累计量)与所有权量(财务用来进行生产成本核算所用的生产统计数据)的误差不超过 3%。

(4) 实现主要生产与储存装置的装置级油品物料每日一平衡。

(5) 自动生成各类生产与物料统计报表。

案例企业物料平衡的总体架构如图 8-11 所示。全厂物料平衡包括 3 个主要部分:全厂油品平衡、全厂能源平衡、全厂固体产品平衡。其中,全厂油品平衡包括原油进厂、成品油出厂、油品库存、生产装置油品平衡和油品移动信息,全厂能源平衡包括水、电、气、风和瓦斯等的平衡,全厂固体产品平衡主要指以固体包装形式出厂的产品(固体石蜡、PP 等)。

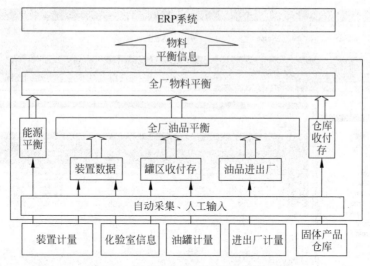

图 8-11 案例企业物料平衡的总体架构

实现物料平衡的关键之一是建立精确的物料平衡模型,其内容主要包括平衡边界、生产装置、罐区、产品、中间产品、产品属性、物料流向和测量仪表。物料平衡模型和物料平衡数据都保存在 PRM 中。

PB 模块的数据采集方式有自动采集和人工输入(无 DCS 数据)2 种,结合 LIMS 数据可直接计算出物料的质量数。由于绝大部分数据由计算机自动采集、计算,且该部分数据不能随意修改,因此保证了数据的真实性和唯一性。

案例企业生产作业部使用的 PB 模块和报表模块有效地提高了物料平衡、装置能耗报表的准确性、共享性和查询便捷性。操作人员使用的 PB 模块操作界面如图 8-12 所示,采集到的原始数据可在授权的情况下进行查询和调用。

操作人员只需要选择正确的时间、班次,然后按顺序单击"查询""采集""计算"和"保存"4 个按钮即可完成物料平衡计算。如果计量仪表出现问题,可以通过详细计算界面予以校正。

工艺技术人员通过报表查询各台装置、各个班组的物料平衡和能耗水平状况,寻找出现偏差的原因并提出指导性意见,依据各个班组的能耗水平组织开展节能降耗竞赛,努力实现装置的经济效益最大化。

调度人员每日基于上述数据进行物料平衡运算,结合物料平衡模型及仪表精度情况,系统可以修正部分物料测量数据,同时推算出某些无计量仪表的侧线应有的物料流量值,物料平衡工程师根据系统计算结果可以对系统中出现的数据问题进行及时修正,以确保系统中数据的准确性。

通过物料平衡模块的实施,计划经营人员能够方便地进行每日的成本核算、监控和管理,从而及时组织和调整生产,实现生产、经营过程的整体优化,降低生产成本,最终提高企业的经济效益。

图 8-12　装置物料平衡侧线质量计算

8.2.4　实施效果

Honeywell MES 将案例企业的各类数据整合到一个统一的、开放的、安全的共享数据平台，从上至下各级人员均可依据授权获得所需的数据，并利用其提供的分析工具进行归纳总结。数据管理平台的应用增强了数据的准确性、唯一性和可靠性，同时也减少了获取数据的人工成本。此外，通过 MES 系统改进了工艺管理模式，将原本简单的、静态的管理转变为细致的、动态的管理模式。操作人员将更多的精力投入到提高装置操作平稳率、分析工艺指标偏差原因、降低装置能耗等方面，工艺技术人员将更多的精力投入到优化装置操作、降低生产成本的计划和对操作人员进行培训等方面。通过实现操作的精细化管理、工艺能力考核、引入班组竞赛等，提高了操作人员和工艺人员的操作水平，在提高产量和质量方面取得了显著的经济效益。

以案例企业炼油四部为例，利用 MES 系统推行使用生产作业动态管理后，该部从减少非计划停工、降低装置能耗、减少人工成本和日常办公费用等方面为企业节约了大量生产成本。据测算，实施 MES 系统后，装置平稳率大幅增加，非计划停工大大减少，一年减少直接经济损失约 1 880 万元；由于装置减少了操作波动，能耗相应降低，全年节约能源成本约 2 400 万元。

参 考 文 献

[1] McClellan M. Applying manufacturing execution systems[M]. USA,CRC Press,1997.
[2] MESA International. MES functionalities & MRP to MES data flow possibilities[R]. USA,MESA International,1997.
[3] MESA International. The benefits of MES: a report from the field[R]. USA,MESA International,1997.
[4] MESA International. Execution driven manufacturing management for competitive advantage[R]. USA,MESA International,1997.
[5] ANSI/ISA—S95.00.01—2000. Enterprise—Control System Integration Part 1: Models and Terminology[S].
[6] ANSI/ISA—S95.00.02—2001. Enterprise—Control System Integration Part 2: Object Model Attributes[S].
[7] ANSI/ISA—S95.00.03—2005. Enterprise—Control System Integration Part 3: Activity Models of Manufacturing Operations Management[S].
[8] 饶运清. MES——面向制造车间的实时信息系统[J]. 信息技术,2002(2):61-62,72.
[9] 饶运清,李培根,李淑霞,等. 制造执行系统的现状与发展趋势[J]. 机械科学与技术,2002, 21(6):1011-1016.
[10] 饶运清,刘世平,李淑霞,等. 敏捷化车间制造执行系统研究[J]. 中国机械工程,2002, 13(8):30-32.
[11] 蒋凌燕. 基于B/S结构的制造执行系统实现技术研究[D]. 南京:南京航空航天大学,2004.
[12] SIEMENS公司. SIMATIC IT PRODUCTION SUITE技术白皮书,2005.
[13] 王志新,金寿松. 制造执行系统MES及应用[M]. 北京:中国电力出版社,2006.
[14] 王宏安,冯梅. 石化行业MES解析[J]. 计算机世界,2006-05-15(B11).
[15] 王宏安. 石化行业MES的应用分析[J]. 数字石油和化工,2006(6):2-5.
[16] 孙彦光,陈靖屏. 流程工业制造执行系统[M]. 北京:化学工业出版社/工业装备与信息工程出版中心,2006.
[17] 谢春雷. 利用生产执行系统(MES)实现广州石化精细化生产和管理研究[D]. 广州:华南理工大学,2006.
[18] 姜志强. MES在广州石化的应用[C]. 第六届全国MES(制造执行系统)开发与应用专题研讨会,2007.
[19] 喻道远,彭宁,黄刚. 可重构MES体系结构研究[J]. 现代制造工程,2007(4):13-17.
[20] 孙玥. MES环境中基于XML的系统集成技术研究与实现[D]. 武汉:华中科技大学,2007.
[21] 王万良,吴启迪. 生产调度智能算法及其应用[M]. 北京:科学出版社,2007.
[22] 李清. 制造执行系统[M]. 北京:中国电力出版社,2007.
[23] 潘美俊,饶运清. MES现状与发展趋势[J]. 中国制造业信息化,2008,37(9):43-49.
[24] 尚文利,彭慧,史海波,等. 基于生产模型的制造执行系统平台研究[J]. 微计算机信息(测控自动化),2009,25(8-3):12-13,43.

[25] 张晓煜,史海波.基于 MES 的数据集成平台研究[J].微计算机信息(测控自动化),2010, 26(2-1):95-96,84.
[26] 邵新宇,饶运清.制造系统运行优化理论与方法[M].北京:科学出版社,2010.
[27] 杨长明.制造企业实施和应用生产执行系统(MES)策略分析[D].北京:北京大学,2011.
[28] 章佳.面向 MES 的生产过程监控系统研究[D].成都:电子科技大学,2012.
[29] 王琦峰.面向服务的制造执行系统理论与应用[M].杭州:浙江大学出版社,2012.
[30] 林硕.基于事件的生产过程建模及调度算法的研究与实现[D].沈阳:中科院沈阳自动化研究所,2012.
[31] 潘全科,高亮,李新宇.流水车间调度及其优化算法[M].武汉:华中科技大学出版社,2013.
[32] 谭谈.基于 SOA 技术的制造执行系统的设计与实现[D].上海:上海交通大学,2013.
[33] 王爱民.制造执行系统(MES)实现原理与技术[M].北京:北京理工大学出版社,2014.
[34] 董蓉,房亚东.面向离散制造业的 MES 可配置框架研究[J].制造业自动化,2015,37(5):65-70.
[35] 李康,姜开宇,赵骥.面向 MES 的数据采集技术综述[J].模具制造,2018(3):66-70.
[36] 陆文虎.基于微服务架构的制造执行系统设计与实现[D].杭州:浙江大学,2018.
[37] Honeywell International Inc.智能化生产运营管理 MES 解决方案.Honeywell International Inc,2019.
[38] 彭振云,高毅,唐昭琳.MES 基础与应用[M].北京:机械工业出版社,2019.
[39] 王利勇.基于 MES 的离散制造车间生产过程数据采集系统研究[J].今日自动化,2020(3):85-88.
[40] 黄培.MES 选型与实施指南[M].北京:机械工业出版社,2021.
[41] 江平宇,张富强,郭威.智能制造服务技术[M].北京:清华大学出版社,2021.

附录 文中部分缩略语中英文释义

AGV—automated guided vehicle：自动导引小车
AMR—advanced manufacturing research：先进制造研究机构
ANSI—American national standards institute：美国国家标准化协会
API—application programming interface：应用程序接口
APS—advanced planning and scheduling：高级计划与排程
BOM—bill of materials：物料清单
BPM—business process management：业务流程管理
BPMN—business process modeling notation：业务流程建模注解
B/S—browser/server：浏览器/服务器结构
CAN—controller area network：控制器局域网
CAPP—computer aided process planning：计算机辅助工艺设计
CORBA—common object request broker architecture：公共对象请求代理体系结构
CPS—cyber physical system：信息物理系统
CRM—customer relationship management：客户关系管理
C/S—client/server：客户机/服务器结构
DCS—distributed control system：分散控制系统
DDE—dynamic data exchange：动态数据交换
DI—data integration：数据集成
DNC—distributed numerical control：分布式数控
DPM—direct part mark：自动零部件标识
DT—digital twin：数字孪生
DTS—digital twin workshop：数字孪生车间
EAI—enterprise application integration：企业应用集成
EMS—equipment management system：设备管理系统
ERP—enterprise resource planning：企业资源规划
ESB—enterprise service bus：企业服务总线
FCS—fieldbus control system：现场总线控制系统
FF—foundation field bus：基金会现场总线
FJSP—flexible job-shop scheduling problem：柔性作业车间调度问题
FSP—flow-shop scheduling problem：流水车间调度问题
GA—genetic algorithm：遗传算法
HRMS—human resource management system：人力资源管理系统
HTTP—hyper texttransfer protocol：超文本传输协议
IIS—internet information services：互联网信息服务
JDBC—java database connectivity：Java 数据库连接
JSON—javascriptobject notation：JS 对象简谱

JSP—job-shop scheduling problem：作业车间调度问题
KPI—key performance indicator：关键绩效指标
LIMS—laboratory information management system：实验室信息管理系统
loT—internet of things：物联网
MAS—multiple agent system：多智能体系统
MBOM—manufacturing bill of materials：制造物料清单
MDC—manufacturing data collection and status management：制造数据采集与状态管理
MES—manufacturing execution system：制造执行系统
MESA—MES association：MES 国际联合会
MESA—manufacturing enterprise solution association：制造企业解决方案协会
MOM—manufacturing operations management：制造运营管理
MQTT—message queuing telemetry transport：消息队列遥测传输
MRPII—manufacturing resources planning：制造资源计划
NIST—national institute of standards and technology：美国国家标准与技术研究所
MSA—micro-service architecture：微服务架构
ODBC—open database connectivity：开放数据库连接
OLE—object linking and embedding：对象连接与嵌入
OOA&D—object-oriented analysis and design：面向对象的分析与设计
OPC—OLE for process control：用于过程控制的 OLE
OPC UA—OPC unified architecture：OPC 统一架构
ORB—object request broker：对象请求代理
PCS—process control system：过程控制系统
PLC—programmable logic controller：可编程逻辑控制器
PLM—product lifecycle management：产品生命周期管理
PRM—plant reference model：工厂参照模型
QMS—quality management system：质量管理系统
RDI—real-time data interface：实时数据接口
REST—representational state transfer：表述性状态传递
RFID—radio frequency identification：射频设别技术
SA—simulated annealing：模拟退火
SaaS—software-as-a-service：软件即服务（即通过网络提供软件服务）
SCADA—supervisory control and data acquisition：数据采集与监视控制系统
SCM—supply chain management：供应链管理
SOA—service-oriented architecture：面向服务架构
SOAP—simple object access protocol：简单对象访问协议
SPC—statistical process control：统计过程控制
SQC—statistical quality control：统计质量控制
SPS—set parts system：成套配件系统
SSM—sales and service management：销售和服务管理
TS—tabu search：禁忌搜索
UDDI—universal description, discovery and integration：通用描述、发现与集成服务

UWB—ultra wide band：超宽带

WIP—workpiece in process：在制品

WLAN—wireless local area network：无线局域网

WMS—warehouse management system：仓储管理系统

WSDL—web services description language：Web 服务描述语言

WSN—wireless sensor network：无线传感器网络

XML—extensible markup language：可扩展标记语言